© 2024 Emma Franziska
Verlag: BoD • Books on Demand GmbH, In de
Tarpen 42, 22848 Norderstedt
Druck: Libri Plureos GmbH, Friedensallee 273,
22763 Hamburg
ISBN: 978-3-7597-8636-4

Für meine Mama, meine Schwester und meine beste Freundin. Danke, dass es euch gibt.
Danke, dass ihr mir das Gefühl gebt, dass ich okay bin.
Dass ich bei euch langsam sein kann, wer ich bin.

Für die ganzen Herzensmenschen in meinem Leben.
Wenn ihr nur wüsstet, wie lebenswert ihr es macht.

Für all die wunderbaren Menschen da draußen, die noch nicht sehen können, welch ein Wunder sie sind.
Ihr seid nicht allein.
Wir werden all das schaffen, was uns noch zu schaffen macht, okay?

Für mich – mein Leben, weil ich verdammt stolz darauf bin, dass ich mich nie aufgegeben habe.

Für meine Therapeutin in den letzten 1,5 Jahren.
Danke, dass Sie für mich da waren – dass Sie geblieben sind und ich noch hier bin. Danke, wirklich.
Und weil keines meiner Worte sonst geschrieben stehen würde, liegt es mir am Herzen, ein gedankliches Copyright zu setzen – auch für *„Ihre Worte"*.

Glaube mir, du schreibst Geschichte, wenn du nicht aufgibst – deine Geschichte.

Das hier ist der Anfang meiner Geschichte.

Vor 1,5 Jahren dachte ich, sie sei zu Ende, dabei habe ich mir nur nie erlaubt, sie beginnen zu lassen. Sie erzählt nun von einem Mädchen, das sich in keinem noch so dunklen Tief aufgegeben hat und als junge Frau ihr Strahlen wiedergefunden hat.

Denn ich habe dem Leben damals noch einmal eine Chance gegeben und seitdem jeden noch so kleinen Gedanken festgehalten – damit sie nicht verloren gehen und sich vielleicht noch jemand darin finden kann.

Vielleicht bin ich kein Mensch der großen Worte, weil ich sie mir zerdenke, bevor auch nur eines meinen Mund verlässt.

Aber wenn ich sie aufschreibe, kann ich all das fühlen. Und wenn ich damit nur einer einzigen Person auf dieser Welt zeigen kann, dass es nie zu spät für ein Happy End ist, hat dieses Buch seinen Sinn erfüllt.

So gerne ich es würde, kann ich dir all das nicht abnehmen, aber dir zumindest mein Wort geben, dass du heilen darfst. Versprochen.

Letzten Endes musst du doch nur ein einziges Mal öfter aufstehen, als du hingefallen bist.

Nur ein einziges Mal.

Du hast schon so viele Tiefen überwunden, wenngleich du dachtest, sie hätten dich ein für alle Mal zu Boden gezwungen.

Du wirst es auch dieses Mal schaffen, dich wieder zu erheben.

Du darfst darauf vertrauen – es dir zutrauen.

Bitte gib jetzt nicht auf.

Stell dir mal vor, dass du diesen Kampf bald gewinnen würdest und dich kurz davor in diesen Gedanken verlierst.

Du verdienst es, zu erfahren, ob es nicht doch gut ausgeht. Denn das kann es. Immer.

Dafür ist es nie zu spät.

Versprochen.

So lieb es auch gemeint ist, ich kann es manchmal einfach nicht mehr hören, dass ich es schon so weit geschafft habe. Ich weiß das sehr zu schätzen, und doch kann ich mir langsam nichts mehr davon kaufen.

Denn anstatt das aus anderem Munde zu hören, würde ich so gern endlich selbst sagen können, dass ich es geschafft habe. Nicht nur weit, sondern ganz.

Ich habe genug davon, so weit gekommen zu sein und eben doch nicht weit genug, dass ich in mir angekommen wäre und mein Leben leben kann.

Aus "Mama, da sind Monster unter meinem Bett!"
wurde "Mama, da sind Monster in meinem Kopf!"
und aus "Ich habe Angst, dass sie mir etwas antun…"
wurde "Ich habe Angst, dass ich mir etwas antue…"

Mir wurde so oft gesagt, dass irgendwann alles wieder gut werden würde.

Seitdem frage ich mich, wie lange ist´s denn noch bis irgendwann?

Vielleicht muss es auch gar nicht leichter werden.
Vielleicht geht es darum, dass du für dich da sein kannst.
Dass du, auch wenn nicht alles leichter wird, dir beim
Tragen helfen kannst.

Sie erwarten, dass ich Zeit für sie habe, als würde ich die Verantwortung dafür tragen, ihre Zeit zu füllen.

Wann vergeht dieses Heimweh?

Ein Heimweh, das nicht endet, wenn ich zuhause bin.

Mich sehnt´s nach dem Gefühl der Verbundenheit. Vielleicht ist das der Punkt.

Ich wusste damals nicht, was mich dort erwartet – wie er heimkommt und wann ich mich nicht mehr so abgeschnitten fühle.

Es war wie ein ständig reißendes Band, ein Hin und Her zwischen Halten und Fallen.

Vielleicht sind mir Umarmungen deswegen so oft so wichtig. Sie sind mein Zuhause.

Denn wenn ich noch in den Arm genommen werde, kann ich sicher sein, dass alles gut zwischen uns ist – und wir noch verbunden sind.

Ich habe es mir nicht mehr zugestanden, mich zu zeigen – auch nicht mir selbst.

Ich wollte diese Person nicht sehen und ja, auch nicht sein. Zumindest anders, weniger falsch.

Ich hätte es nicht ausgehalten, Raum einzunehmen, weil „mehr sein" mehr Angriffsfläche geboten hätte.

Ich hatte Angst, dass sie mich so sehen, wie ich mich sehe, wenn ich nichts mehr in mir sehe.

Vielleicht war ich deswegen in all der Zeit einfach zu sehr darauf bedacht, zu verschwinden, als dass ich mich hätte finden können.

Ich habe mir das nicht ausgesucht – im Gegenteil.

Es tut weh zu sehen, wie Leute in meinem Alter ihr Leben leben: ausziehen, ihre erste große Liebe finden, die Welt bereisen. All das wirkt so unwirklich für mich, weil meine Realität eine andere ist.

Wo bin ich falsch abgebogen, dass es nicht „nur" bei einer Phase geblieben ist?

195 Länder, 8 Milliarden Menschen – die Welt steht mir offen, und ich sperre mich selbst in dieser Krankheit ein.

Also bitte, bitte sagt mir nie wieder, das sei egoistisch.

Ich würde alles dafür geben, gesund zu sein und einfach wieder ganz normal essen zu können.

Ohne diese Gedanken, ohne die Schuld, ohne die Angst.

Kann bitte jemand stolz darauf sein, dass ich mein
Bestes gebe – dass ich es immer noch versuche?

Weißt du eigentlich, wie mutig du bist?

Mutig, weil du es jeden Tag wieder versuchst – ihn ein bisschen mehr schaffst als er dich. Weil du weitermachst und es immer wieder mit dem Leben aufnimmst.

Niemand außer dir weiß, wie viel Kraft es manchmal kostet, nicht aufzugeben – dich und dein Leben.

Du darfst stolz darauf sein.

Glaube mir, ich würde mittlerweile so gerne einfach nur normal sein – normal leben können. Ohne diese Gedanken, die nicht nur jeden Schritt auf meinem Weg schwerer machen, sondern ganze Abgründe in ihn reißen, um mich davon abzuhalten, über sie hinwegzukommen.

Ehrlich? Ich beneide sie, dass sie essen können, ohne sich den Kopf darüber zu zerbrechen. Dass sie sitzen können, ohne diese Schmerzen – ohne diese Schuld, sich nicht genug zu bewegen. Dass „schlecht drauf sein" ein schlechter Tag ist und keiner, an dem du dich davon abhalten musst, dass es dein letzter ist.

Tage, an denen man niemanden sehen möchte, sind anders als Tage, an denen du dich nicht mehr auf dieser Welt siehst. Nicht, weil du sie verlassen möchtest, sondern weil du einfach nicht mehr weißt, wohin mit dir.

Wenn an keinem Ort auf diesem Planeten diese Schmerzen aufhören, kann man es mir dann zum Vorwurf machen, dass ich nicht mehr in mir sein möchte?

Es ist ein endloses Wegrennen vor dieser Welt in deinem Kopf, weil du diesen Gedanken nicht entkommen kannst.

Wie gern würde ich endlich zur Ruhe kommen dürfen.

Wie könnte dich die Liebe wirklich erfüllen, wenn du selbst noch so hasserfüllt dir gegenüber empfindest?

Als ich auf diesem Krankenhausbalkon stand, meinte sie nur im Spaß, ich solle mich dort nicht herunterstürzen. Das Erschreckende ist, dass ich es ernst meinte, als ich sagte, dass der 17. Februar wahrlich kein schönes Datum dafür ist.

Sag mir, warum?

Warum bin ich so, wie ich bin und warum durfte ich damals nicht werden, wer ich hätte sein können?

An meine Freunde,

mir tut es leid, dass ich so schlecht im Antworten bin. Ich möchte, dass ihr wisst, dass das nicht an euch liegt.

Es ist so verdammt viel los in mir, als würde ich vor etwas wegrennen und doch irgendwie in mir ankommen. Als würde alles auseinanderbrechen und sich gleichzeitig neu zusammenbauen.

Ich habe nicht immer die Kraft für die kleinsten Erledigungen, weil es manchmal so verdammt viel Energie kostet, durch den Tag zu kommen.

Ich wünschte, ich könnte mich einfach ändern, aber es ist nicht so einfach, wie es scheint.

Die Angst, euch aus dem Nichts zu verlieren, weil ich nicht alle Bedingungen erfüllen konnte, damit ihr bleibt, ist so verdammt groß. Deswegen kann ich mich nicht immer melden. Denn wenn nichts von mir kommt, kann ich zumindest den Grund verstehen, weshalb ihr geht.

Spuren der Vergangenheit, die ihr nicht spüren solltet. Danke, dass ihr trotzdem noch da seid.

Ich fühle mich oft einsam mit dem, wie ich fühle.

Nicht, weil mir nicht bewusst wäre, dass jeder gewissermaßen in seiner eigenen Gefühlswelt allein ist. Alleinsein bedeutet jedoch immer noch, von ALLem EINer zu sein. Wenn ich etwas nicht fühlen kann, dann, Teil des Ganzen zu sein. Es fühlt sich so an, als würde ich zu viel fühlen, zu anders – und vielleicht hat mich genau das zu sehr von meiner Außenwelt getrennt, sodass ich so sehr darauf bedacht bin, mich an sie zu binden. Vielleicht sind Konflikte deswegen so unerträglich für mich, weil mich niemand verstehen kann. Wie damals, mit all den Ängsten. Wie fängt man ein Kind auf, das panische Angst davor hat, umgebracht zu werden? Das Böse im Haus zu haben – und deswegen immer mit einem Messer herumläuft? Doch so lächerlich diese Ängste auch gewesen sein mögen, vergeht mir beim kleinsten Streit das Lachen. Ich durfte nie erfahren, dass etwas ausgeredet wird. Sie werden totgeschwiegen, all die Gefühle, um sie in dieser doch so lauten Stille zu ertränken. Nur haben diese Gefühle so einen langen Atem, dass ich in ihnen versinke. Ich bin darin untergegangen und niemand konnte mir die Hand reichen, weil sie selbst so sehr mit Unterdrücken beschäftigt waren. Sie konnten mich nicht greifen – und ich habe mich losgelassen. Vielleicht ist es deswegen so mit dem Essen. Nicht zu essen heißt nicht zu fühlen. Leer, als gäbe es kein Wasser mehr, das mich überflutet, wenn mich der Hunger ausfüllt. Ich bin sicher, denn wenn ich nichts als Hunger spüre, kann ich mich nicht einsam fühlen. Denn Hunger fühlt jeder, das verbindet mich. Als würde ich sie an mich binden, wenn man mir ansieht, dass es mir nicht gut geht. Als wäre es gerechtfertigt, wie ich fühle, wenn ich es mir offensichtlich nicht einbilde. Ich fühle mich ihnen näher, wenn ich von mir selbst getrennt bin. Es kann mir nichts passieren, wenn sie mich verlassen, wenn ich doch selbst so weit von mir entfernt bin.

Vielleicht ist es an der Zeit, wieder zu mir zu kommen. Lieber bin ich mit mir allein als mit Menschen zusammen, die mich einsam fühlen lassen. Gefühle kommen und gehen in Wellen. Das ist das Leben, meine ich. Ich möchte mich nur nie mehr so sehr im Stich lassen, wie ich es die letzten Jahre habe. Ich möchte mir das nie wieder antun. Nie wieder. Schluss mit dem Luftanhalten. Ich möchte wieder atmen können. Ich bin bereit, das Surfen zu lernen. Ich darf fühlen.

Vielleicht war ich gar nicht so schwer auszuhalten,

wie sie mich glauben ließen.

Vielleicht habe ich nur alles mit einer kindlichen

Leichtigkeit gefühlt,

die sie nicht mehr greifen konnten.

Ich möchte dich um etwas bitten:

Wenn dir auch nur ein einziges Mal der Gedanke kommt, alles zu beenden, bitte fang an, darüber zu reden.

Bitte.

Es gibt Menschen, die dir zuhören, die für dich da sind, bevor du es nicht mehr bist.

Bitte.

Ich verspreche dir, so viel Kraft es auch kostet – dieses Leben ist es wert. Dein Leben ist es wert.

Bitte wirf es nicht weg. Du kannst dich wieder fangen, und ja, du hast es auch verdient, aufgefangen zu werden.

Dein Leben hat immer denselben Wert,
unabhängig davon, ob du ihn siehst oder wie sehr du ihn
schätzen kannst.

Du machst das nicht nur, um dein Leben zurück-zugewinnen. Du machst das auch, weil du es sonst verlieren würdest. Endgültig.

Mach die Augen auf, schau verdammt nochmal hin, bevor du sie nicht mehr öffnen kannst. Wach auf, bevor du es nicht mehr kannst.

Beende dieses Kapitel, bevor es dein Buch beendet. Deine Geschichte. So kannst du sie nicht stehen lassen. Du darfst weitergehen – umblättern, eine neue Seite beginnen. Du darfst all das hinter dir lassen.

Es war nie deine Schuld.

Du hättest nie so sehr darum kämpfen müssen, nicht doch wieder fallen gelassen zu werden.

An dir war nichts falsch; es ist nur vieles sehr falsch gelaufen.

Und du hast dir das alles nicht zusammengesponnen.

Du spinnst nicht, auch wenn sie dir das Gefühl geben, du würdest dir weiß Gott was einbilden.

Dich nur wichtigmachen. Denn hey, du bist doch wichtig!

Du darfst dich wichtig nehmen, okay?

Und immer, wenn sie mir vorwerfen, ich hätte mich verändert, kann ich mich nur darüber freuen.

Denn zeigt das nicht, dass die stillen Veränderungen in mir wirklich Wurzeln geschlagen haben?

Sie verleihen mir die Stimme, die ich nun immer mehr für mich erheben kann.

Hoffentlich habe ich mich verändert.

Hoffentlich werde ich langsam ich – die Person, die ich damals nicht sein durfte.

Vielleicht habe ich nur einfach nie richtig gelernt, auf meine Gefühle zu hören, weil sie das Sagen hatten.

Als hätten sie immer besser gewusst, was gut für mich zu sein hat.

Nur ist „gut gemeint" eben nicht immer „gut gemacht" und ich darf nun lernen, mich selbst besser zu verstehen, oder?

Es hat sich nie jemand dafür entschuldigt, was das alles mit mir gemacht hat. Im Gegenteil, mir wurde lieber vorgeworfen, wie ich reagiert habe.

Es macht mich wahnsinnig – wahnsinnig wütend oder doch nur zutiefst verzweifelt? –, dass sie so tun, als wäre nie etwas gewesen. Sie konnten ihr Leben leben, während ich jahrelang ums Überleben kämpfen musste.

Wie sehr muss ich mich dafür verurteilen, dass mich das manchmal so verdammt wütend macht? Dass sie mit all ihren Worten diesen Krieg in meinem Kopf ausgelöst haben und mich dafür verantwortlich machen, dass ich bei ihnen keinen Frieden mehr finden kann?

Ich weiß, sie haben ihr Bestes gegeben, nur war das wirklich nicht immer gut für mich.

Vielleicht darf ich auch wütend auf sie sein und sie trotzdem liebhaben. Vielleicht kann das koexistieren.

Es ging doch nie darum, einfach nur dünn zu sein. Es ging darum, zerbrechlich zu wirken – ihnen zu zeigen, was sie angerichtet haben, in der Hoffnung, dass sie irgendwann Rücksicht auf mich nehmen.

Vielleicht möchte ich deswegen nicht, dass sie mich sehen. Ich könnte für sie gut aussehen, und das würde mir jegliches Recht nehmen, dass es mir noch nicht gut geht. Ich kann ihnen das noch nicht gönnen.

Nur schade ich mir am Ende des Tages doch selbst so viel mehr damit als ihnen. Tag für Tag.

„Sie werden nie so für dich sorgen. Achte auf dich, ja? Du darfst das."

Ich werde es versuchen.

Vielleicht geht es gar nicht ums Bekämpfen, sondern ums Hinfühlen. Hin zum Guten anstatt weg vom Schlechten.

Vielleicht, weil dieses „Problemverhalten" doch eigentlich ein Lösungsversuch ist – eine greifbare Reaktion auf eine haltlose Situation. Eine kostspielige Überlebensstrategie für ungünstige Erfahrungen. Denn so destruktiv dieses Muster auch ist, wird man doch nicht ohne Grund darauf zurückgreifen, oder?

Mir wurde immer gesagt, ich solle nur dagegen ankämpfen, damit umgehen lernen. Und ja, jahrelang bestand meine Aufgabe darin, es zu ignorieren.

Ich möchte das nicht mehr.

Es reicht, ich habe genug gekämpft. Vielleicht ist das alles keine „böse Macht", sondern schlichtweg ein verdammt verletzter Teil in mir. Wie soll ich Frieden mit mir schließen, wenn ich diesen Krieg in mir führe?

Nein, verdammt, es ist eben nicht irgendwann aushaltbar geworden. Vielleicht, weil es nie um das Schuldgefühl nach dem Essen ging, sondern um die Schuld in mir, die mich nur nicht völlig einnehmen kann, solange ich nicht voll mit Essen bin. Darum, dass ich mich nur sicher fühle, wenn ich leer bin. Der Hunger ist wie mein emotionaler Schutzschild.

Und hätte ich damals schon hingehört, hätte ich viel früher verstanden, was in mir los ist – und das hätte mir einiges erspart.

Weil es einen Unterschied macht, ob ich Gefühle aushalten oder mich darin halten kann.

Mit „Augen zu und durch" habe ich mich nur in dieser Dunkelheit verloren. Manchmal lohnt es sich hinzusehen, um einen Weg da rauszufinden. Denn alles, was war, ist doch sowieso schon da, es kann mich nur nicht mehr im Dunkeln erwischen, wenn ich es beleuchte.

Man darf hinsehen. Auch, wenn man es lange so gut zu verstecken versucht hat, dass es niemand finden kann. Etwas zu erkennen heißt nicht, dass es nicht mehr dort sein darf.

Du allein darfst die Entscheidung treffen, welchen Raum du ihm dann noch gibst.

Wie oft habe ich Ärger bekommen, wenn ich auf die Frage, was denn los sei, geantwortet habe, dass ich müde bin. Nichts daran war gelogen.

Ich war müde davon, mich ihnen zu erklären und sie es doch nie wirklich verstehen – ernst nehmen – konnten.

Ich war müde, weil mir alles zu viel und nichts mehr in mir war. Ich war müde vom Leben.

Hätte ich das sagen sollen?

Ich habe Angst, meine Zeit daran verloren zu haben, sie so schnell wie möglich hinter mich zu bringen.

Manchmal frage ich mich auch, ob es meine Schuld ist, dass ich so viel verpasst habe und ob es okay ist, dass ich von Zeit zu Zeit darunter leide, wo ich doch selbst die Verantwortung für mein Handeln trage.

Lass dein Licht in Brand setzen, was dir nicht gutgetan hat, damit es dich selbst in den dunkelsten Momenten nicht mehr einnehmen kann und du auch nie wieder danach zu greifen vermagst, solltest du je wieder den Halt verlieren.

Ich bin ein sehr disziplinierter Mensch und darin scheint eine Menge Potenzial zu stecken. Nur ganz ehrlich?

Ich muss aufhören, so diszipliniert gegen mich selbst vorzugehen. Ich möchte diszipliniert aus Liebe handeln, nicht aus Schuld.

Ich kann mehr schaffen, als mich runterzuhungern, mehr erreichen als mein Zielgewicht und vor allem möchte ich mehr leben, als ich es gerade kann.

U-Bahn-Gedanken.

Mir macht´s Angst. Doch was gibt´s mir dann? Das, was mir alles nimmt, bis nichts mehr übrigbleibt?

„Nichts" bleibt mir, wie viel auch immer ich verliere, wer auch immer mich verlässt.

"Nichts" erfüllt mich, füllt die Leere in mir auf und unterdrückt die Gefühle, die mich sonst erdrücken.

"Nichts" ist greifbar. Wie ich sie hasse, diese Sicherheit, die ich im "Nichts" zu finden versuche – mit dem vollen Wissen, dass ich "Nichts" in meiner Hand halten und damit meinen Halt verlieren werde. Solange, bis ich auf dem Boden der Tatsachen aufschlage oder mir zutraue, mich an "Etwas" zu halten – es mir erlaube.

Vielleicht ist es das, weshalb es in mir so unruhig ist: Es ist ein Fangen und Fallen zwischen "Etwas" und "Nichts", das niemals "Genug" zu sein scheint, um mich im Hier und Jetzt zu halten.

Und manchmal frage ich mich dann, ob man "Nichts" überhaupt loslassen kann. Ich weiß nur, dass ich alles dafür gebe.

Mit Sicherheit.

Essstörungen sind keine Gewichtsstörung.

Wollte ich nur mal kurz erwähnen, weil leider noch viel zu wenige über den Waagenrand hinaussehen können.

Das, was mich wirklich verzweifeln lässt, ist, dass immer, wenn das eine weniger präsent ist, mich das andere wieder einnimmt. Es war immer ein Hin und Her zwischen nicht essen & leben wollen und essen & nicht mehr leben wollen.

Manchmal habe ich das Gefühl, ich könnte ersteres leichter nehmen. Es ist schon so lange ein Teil meines Lebens, dass es beinahe ein Teil von mir zu sein scheint, während diese Gedanken wie ein Schatten über mich hereinfallen. Ein leeres Nichts, das mir jegliche Lebensenergie nimmt. Die Essstörung ist kein dunkles Loch, das mich immer tiefer fallen lässt. Irgendwann knallt man auf den Boden der Tatsachen. Der Halt, den ich brauche, weil doch alles, was ich darin suche, einfach nur Sicherheit ist.

„Du bist nicht am selben Punkt wie damals."

Vielleicht hat sie recht und das alles ist gar kein Teufelskreislauf mehr. Vielleicht kann es dieses Mal anders werden, weil seit damals so vieles anders geworden ist – vor allem eben ich. Einen Versuch wäre es wert. Denn was soll schon passieren? Der Weg zurück in einem Kreis ist nicht so schwer zu finden, und im schönsten Fall bringe ich mein Leben doch wieder auf eine gerade Spur.

Das mit der Liebe ist so eine Sache, die noch immer zu
unsicher zu sein scheint.

Vielleicht, weil es sich noch immer so anfühlt, als wäre
sie an Bedingungen geknüpft, die ich nicht mit Sicherheit
erfüllen kann.

Vielleicht ist die Liebe gar nicht so unsicher, wie sie mich glauben ließen – und ich bin gar nicht ganz so schwer zu lieben, wie sie mich fühlen ließen.

Ich möchte die Angst nicht gewinnen lassen, mich wieder in Bedingungen zu verlieren.

Ich kann doch lieben, ich bin nur vorsichtig.

Oder was meinst du, Herz?

Vielleicht ist es wirklich so, dass Liebe erst in dein Leben treten kann, wenn du dich sicher genug fühlst, um ihr die Tür zu öffnen.

Wenn ich doch so viel Liebe in mir habe, weshalb stehe ich sie mir selbst nicht zu?

Du bist übrigens nicht leichter zu lieben, wenn du
weniger wiegst.

Ich glaube, mein Problem ist, dass ich mir so bewusst darüber bin, wie schlecht es gerade läuft, dass es sich wieder so anfühlt, als wäre es gar nicht so schlimm.

Ich denke zu gesund, um wirklich krank zu sein – als hätte ich alles unter Kontrolle, weil ich weiß, dass ich sie verliere.

Ich rede mir ein, einen Blick auf mich zu haben, weil ich mir dabei zusehen kann, wie ich mich jeden Tag ein bisschen mehr aus den Augen verliere.

Ehrlich? Mir macht es manchmal Angst, wenn es mir gut geht. Als wäre ich verletzlicher, wenn ich glücklich bin.

Genauso macht es mir Angst, wenn ich traurig bin. Denn das wiederum könnte man mir absprechen.

Deswegen tue ich so, als wäre alles gut, wenn es das nicht wirklich ist oder suche nach Gründen, weswegen es mir wieder schlecht gehen darf - der Sicherheit wegen.

Als dürfte niemand wissen, wie es mir wirklich geht.

Als würde ich sonst die Kontrolle verlieren.

Es ist ein dauerndes Versteckspiel und am Ende verstecke ich mich nicht nur vor der Welt, sondern auch vor mir selbst. Und ja, das macht verdammt einsam.

Ich weiß, es hätte mich deutlich schwerer treffen
können. Aber ganz ehrlich?

Das macht das Ganze hier nicht leichter.

Das, was du erlebt hast, ist nicht weniger schlimm, nur weil du deinen Frieden damit schließen kannst.

All das war nicht lächerlich, nur weil andere noch immer so sehr mit ihren Themen kämpfen.

Du brauchst dich nicht schuldig dafür zu fühlen, glücklich zu sein.

Das spricht dir nicht ab, wie schlimm es damals war.

Es zeigt nur, wie sehr du darum gekämpft hast, wieder lachen zu können.

Falls du mal wieder daran zweifelst: subjektives Erleben kann man nicht objektiv bewerten.

Wenn jeder dieses Leben anders erlebt, wie sollte man Erfahrungen aneinander messen dürfen?

Es geht doch gar nicht darum, was dir passiert ist, sondern darum, was in dir passiert ist – und auch, was eben nicht.

Es geht darum, wie es sich für dich anfühlt.

Denn wenn es etwas nicht gibt, dann eine Messlatte dafür, ab wann welches Gefühl da sein darf.

Ich weiß es wirklich zu schätzen, einen Therapieplatz zu haben. Doch wenn ich manchmal sehe, was andere Menschen durchmachen, fühle ich mich so verdammt lächerlich. Zu viel, weil ich ihnen den Platz wegnehme. Vielleicht gehe ich deshalb nun mit mehr Ehrlichkeit in die Stunden – ihr und mir und der Welt gegenüber.

Das bin ich all den anderen Menschen schuldig, die dieses Privileg nicht haben. Die nicht nur keine Hilfe bekommen, sondern auch noch sehr viel weniger Glück im Leben haben. Mir macht es Angst, dass ich das habe. Denn womit habe ich das verdient? Ich verstehe nicht, warum ich dieses Leben leben darf, wo ich doch viel zu oft nicht wertschätzend damit umgehe.

Bin ich ein sehr schlechter Mensch?

Wann haben wir angefangen, unsere Probleme aneinander zu messen? Warum ist es nahezu unmöglich, ehrlich über sein Wohlergehen zu sprechen, ohne dass es direkt überboten wird?

Wenn es anderen vermeintlich schlechter geht, darf es mir doch trotzdem gut gehen. Nicht nur, weil jedes Individuum individuelle Referenzwerte hat, sondern auch, weil Gesundheit und Krankheit kein Wettbewerb sind.

Man bekommt keine Punkte fürs Leiden und keine Medaillen für das schlimmste Schicksal.

Ein Kreuzbandriss wird doch auch behandelt, obwohl es Menschen gibt, die Krebs haben.

Jemand, der zwei Meter unter Wasser ertrinkt, ist genauso tot wie jemand, der das gleiche Ende in zehn Meter Tiefe ereilt, oder?

Lasst uns bitte anfangen, einander rechtzeitig ernst zu nehmen. Niemand von uns möchte später sagen müssen, dass es nun zu spät ist.

Weißt du, du musst dir nicht immer sicher sein, wohin dich dein Weg führen soll.

Manchmal reicht es schon, zu wissen, ob du an diesem Punkt stehen bleiben möchtest und wohin du nicht mehr zurückkehren willst.

Dein Leben hat einen Sinn, auch wenn es nicht für alle Menschen auf dieser Welt bedeutsam ist.

Du allein darfst ihm seine Bedeutung verleihen – denn wie du es führst, muss schlussendlich für niemand anderen sinnvoll sein.

„Du darfst ein bisschen mehr auf die anderen scheißen."

Vielleicht bist du ersetzbar.

Niemals als Mensch, aber in deiner Funktion.

Für alles und jeden, nur nicht für dich.

Denn ohne dich funktioniert dein Leben nicht, weißt du?

Du brauchst dich – ob du es willst oder nicht.

Du darfst dich an erste Stelle setzen.

Man wird nicht geboren, um zu sterben.

Denn weshalb sollte ein Leben beginnen, wenn es nur darum geht, dass es endet? Was ist mit all der Zeit, die du auf dieser Welt verbringst?

Du darfst sie mit Lebendigkeit füllen, denn dafür ist es da – dein Leben.

Das mit der Selbstachtung ist so eine Sache, wenn du so oft dafür verachtet wurdest.

Ich kann zwar sagen, dass es mir mittlerweile wirklich egal wird, was sie von mir denken. Nicht, weil ich aufgegeben habe, sondern weil ich losgelassen habe.

Nur holt es mich wieder ein, wenn sie auf mich zukommen. Dann überrennen sie mich, all diese Gefühle. Und ich hasse es, dass ich diese Wucht immer und immer wieder an mir auslasse, mir meine Mauer aufstelle, damit mich ihre Pfeile nicht treffen können, sollten sie schießen. Eine Schutzreaktion, die mich im Alten einsperrt.

Für mich zu sorgen ist so verdammt schwierig, wenn das bedeutet, dann auch fühlen zu müssen, wie es damals war. Aber vielleicht bedeutet „auf mich selbst zu achten" auch, mich davor in Acht zu nehmen, nicht für mich zu sorgen, nur weil sie es nicht konnten.

Um ehrlich zu sein, weiß ich manchmal nicht, womit ich eher zurechtkomme.

Etwas zu verpassen, weil ich allgemein zu wenig fühle, um mich danach zu fühlen oder mich zu ekelhaft zu fühlen, um mein Zimmer zu verlassen.

Beides endet darin, dass ich mich dort verstecke, damit mich niemand sehen kann – niemand sehen muss.

Ich habe Angst, dass, wenn ich zunehme, nur meine Angriffsfläche größer wird. Als könnte man nicht mehr auf mich zeigen, wenn ich nichts mehr von mir zeige.

Weil sich alles an mir zu viel anfühlt, solange ich mir selbst noch nicht genug bin.

Ich habe Angst, dass es zu schnell geht.

Dass ich mich zu schnell verändere und nicht nur mir selbst nicht hinterherkomme, sondern auch der Welt davonlaufe.

Dass niemand mitkommt, sich alle von mir abwenden, weil sie mich nicht mehr sehen wollen.

Und ich weiß, ich müsste endlich lernen, auf eigenen Beinen zu stehen, für mich allein da zu sein. Nur fühlt sich genau das so verdammt einsam an.

Als wäre ich dadurch unbedeutend für all die, die mir am meisten bedeuten.

Als wäre ich unerträglich für sie, wenn ich allein die Verantwortung für mich tragen kann.

Als wäre mein Leben nichts mehr wert, wenn es nicht auf dem Spiel steht.

Vielleicht steige ich deswegen nicht aus, so teuer auch der Einsatz ist. Darf ich dieses Spiel beenden, bevor ich mich daran verliere?

„Der Weg ist das Ziel", sagt der Volksmund.

Ein Weg, der nicht einfach vor deinen Füßen liegt.

Denn wenn du deinen eigenen Weg kreieren möchtest, dann musst du losgehen und ihn entstehen lassen.

Und ja, dir werden Beine gestellt, du wirst ab und zu ins Wanken geraten, und ja, verdammt, vielleicht gehst du auch mal aus Angst zurück. Das bedeutet aber nicht, dass du gleich wieder am Anfang stehst und jeder mühsame Schritt verloren ist. Dein Leben hinterlässt bleibende Spuren in dieser Welt.

Irgendwann, das verspreche ich dir, wirst du um diese Stolpersteine herum deinen Weg durchs Leben tanzen lernen – und du wirst zurückblicken und so verdammt stolz auf das sein, was du schon gemeistert hast.

Du darfst dir vertrauen, dass du deinen eigenen Weg gehen kannst. Und vielleicht ist genau das das Ziel.

Vielleicht kann man auch keine ausweglose Entscheidung treffen, weil sie dich immer irgendwo hinführt. Selbst wenn es sich manchmal so anfühlt, als wäre ein anderer Weg besser gewesen.

Das Leben ist keine Einbahnstraße, es ist ein riesiges Straßennetz voller Kreisverkehre, Kreuzungen und Wendungsmöglichkeiten.

Es ist okay, sich manchmal zu verfahren. Nur möchte ich dir mit auf den Weg geben, dass du nie hoffnungslos verloren bist. Denn wenn es doch dein Weg ist, wie willst du davon abgekommen sein?

Es fühlt sich langsam leichter an, ich zu sein, mit mir zu sein, hier zu sein. Und ich kann es nicht nur ertragen, sondern ganz gut aushalten.

Wisst ihr, wie unglaublich erleichternd sich das anfühlt?

Als würde ich ein bisschen durchs Leben schweben und nicht mehr um jeden Schritt kämpfen müssen.

Du darfst über dich selbst lachen.

Deswegen bist du nicht lächerlich.

Du machst es nicht schlecht, nur weil es dir gerade nicht leichtfällt. Man kann auch einen schwierigen Tag gut meistern. Du musst keine Berge versetzen können. Manchmal reicht es schon, wenn du dich in dich selbst hineinversetzen kannst.

Denn dich selbst in den Arm zu nehmen, kann dich so viel weiterbringen, als vor dir davonzulaufen.

Manchmal habe ich Angst, zu okay mit mir zu sein.

Dass ich das nicht sein dürfte, sobald ich mehr bin.

Ich habe gelernt, nur genug zu sein, wenn ich nicht zu viel bin. Dass du allein die Messlatte dafür setzt – und beinahe sekündlich zu ändern vermagst.

Ich habe gelernt, die Stille zu interpretieren. Denn immer, wenn ich nur ein einziges Wort zu viel in den Mund genommen habe, hast du mir kein einziges mehr gegeben.

Bis heute trage ich diese Schuld in mir, denn wie hätte ich mich entschuldigen können, wenn ich nie erfahren habe, was so falsch an mir ist?

Es treibt mich noch immer in den Wahnsinn, so viel zu hören, wenn niemand etwas sagt. Wie schnell sie gehen. Wie laut sie etwas machen. Wie lange ihr Atemzug dauert. Geräusche sprechen mehr als tausend Worte.

Bis heute weiß ich nicht, ob mir das Schweigen nicht dennoch lieber ist, wo doch dessen Brechen so oft einem Vulkanausbruch gleicht.

Wann darf ich lernen, dass Stille nicht die Ruhe vor dem Sturm sein muss?

Es kam immer aus dem Nichts, dieses Hin und Her zwischen „Ich liebe dich so sehr und ich spreche kein Wort mehr mit dir."

Es hat mich gelehrt, Menschen zu lesen. Ich fühle sich anbahnende Wendepunkte und weiß sie sprachlich zu verhindern. Nur ist es für mich nicht greifbar, wie ich die Kurve bekommen kann, wenn die Stimmung schon gekippt ist.

Als müsste ich wie damals in Mathe zweimal aufleiten, um zu erfahren, was die ursprüngliche Funktion war – nur, dass sie mir niemals sagen würden, mit welcher Variable ich dieses Mal rechnen muss.

Vielleicht fürchte ich mich so sehr vor dem Älterwerden, weil ich Angst habe, mit immer mehr Sicherheit in dieser Unsicherheit zu leben, wann man mich wieder fallen lässt. Erwachsene kann man allein lassen. Man darf sie in diese Einsamkeit fallen lassen, die sich für mich anfühlt, als könnte ich sie niemals überleben.

An wem darf ich mich noch festhalten, wenn ich selbst einer von ihnen bin?

Was, wenn ich nicht mehr das Kind bin?

Ist man wirklich so sehr auf sich allein gestellt, wenn man erwachsen ist?

Vielleicht macht mir ‚Grenzwertiges‘ nur so Angst, weil es damals meine Grenzen entwertet hat. Denn einmal überschritten, gab es keinen Weg mehr zurück.

Wie hätte ich es rechtfertigen können, etwas nicht mehr zu wollen, wenn ich ihnen einmal das Recht dazu gegeben hatte? Dazu war ich nicht berechtigt. Als hätte es immer nur eine Richtung gegeben: auf sie zu. Alles andere wurde so persönlich genommen, dass man mir das Gefühl gab, so lange nicht mehr liebenswert zu sein, bis ich ihnen wieder nahe genug bin.

Vielleicht lasse ich deswegen niemanden mehr an mich heran. Ich habe Angst, nicht mehr entkommen zu dürfen. Nicht ‚Nein‘ sagen zu dürfen, mich nur wieder ‚in den Griff bekommen‘ zu müssen.

Glaubt mir, das habe ich. Viel mehr, als ihr es euch vorstellen könnt. Auf eine Weise, die ihr nicht kontrollieren könnt. Mein Fluchtversuch, den niemand begrenzen kann. Manchmal nicht einmal ich selbst.

Ich muss endlich aufhören, einfach nur wegzulaufen.

Ich möchte darauf vertrauen lernen, dass mich nicht alle verlassen werden, wenn ich bei mir bleibe.

Dass auch ich Grenzen haben darf, ohne die Liebe auszugrenzen.

Es tut weh.

Es tut so weh zu wissen, dass er vielleicht der Richtige hätte sein können, wäre männliche Nähe bis dahin nicht immer so unsicher gewesen.

Es tut weh zu wissen, dass sich Liebe so wunderschön anfühlen könnte, würde sie in mir nicht diese Panik auslösen, ihr nicht mehr entkommen zu können. Seine Hand nicht halten wollen zu können, weil sie mich damals fallen gelassen haben, tut weh.

Ich vermisse uns. Alles, was wir waren, und alles, was wir hätten sein können – wenn ich dich glücklich gemacht hätte und es hätte zulassen können, dass du mich glücklich machst.

Manchmal wünschte ich, du würdest morgen einfach vor meiner Tür stehen, und alles wäre wieder gut. Vielleicht war es besser, dass wir sie geschlossen haben. Doch vielleicht kreuzen sich unsere Wege eines Tages zufällig, und wir können gemeinsam darüber lachen, worüber wir an diesem Tag nur weinen konnten.

Wie gut es auch immer war und wie viel besser es auch hätte sein können, wünsche ich dir von ganzem Herzen nur das Beste.

Danke. Du weißt, wofür.

Ich kann nur sagen, wie es gemeint war.

Wie sie es verstehen können oder annehmen wollen ist ehrlich gesagt nicht mehr mein Problem.

Wir sind schließlich alle erwachsene Menschen.

Ich bin sicher.

Ich kann mich schützen vor diesem Verhalten, dem ich damals schutzlos ausgeliefert war. Vor Vorwürfen, die an meine Existenz gebunden waren, wenn sie doch so sehr auf meine Persönlichkeit abzielten.

Ich bin es leid, immer weniger zu werden, um das schlechte Gewissen für mein Sein klein zu halten.

Ich möchte nicht mehr weglaufen – nicht vor ihnen, nicht vor dem Leben und vor allem nicht vor mir selbst.

Ich darf sein.

Ich kann ihnen im Moment nicht dankbar sein.

Denn wenn ich etwas nicht mehr möchte, dann ist es, so zu fühlen, wie sie es von mir erwarten. Weil alles, was sie für mich getan haben, gewissermaßen an Erwartungen geknüpft war.

Die einzige Selbstverständlichkeit lag darin, dass es mich früher oder später immer wieder eingeholt hat.

Ich halte es nicht mehr aus, mich wie eine undankbare Last für diese Familie zu fühlen.

Ich halte es nicht mehr aus, mich schuldig zu fühlen, weil ich fühle, weil ich denke, weil ich Geld koste, weil ich esse, weil ich existiere.

Und auch, wenn sie mich vielleicht nie absichtlich so fühlen ließen, sind die Kosten daraus für mich zu hoch, um ihnen gerade noch Dank schenken zu können.

Ich hasse Geburtstage.

Obwohl, vielleicht ist das nicht ganz richtig. Ich hasse das Gefühl, das sie in mir auslösen. Dass sie mich immer wieder daran erinnern, dass sich diese Familie nicht wie eine Familie anfühlt. Da ist so viel Hass. So viel Wut. So viele totgeschwiegene Worte. Es tut so weh, zu sehen, wie sie sich gegenseitig wehtun. Wie sie sich nicht helfen lassen möchten, weil sich der andere nicht verändert – als ob ich nicht seit Jahren genau das mache.

Für mich hat es sich nie so angefühlt, als würde ich dazu gehören. Als wäre ich ein bisschen zu anders, zu laut, zu unbeschwert. Ich passe nicht in dieses perfekte Bild. Weder meine Hobbys und Interessen noch meine Schullaufbahn und mein Ausbildungsweg. Kein Pokal dieser Welt erzählt von meinen Erfolgen. Ich kann nicht mitreden, bin nicht der Rede wert. Und schlussendlich war ich immer nur der Streitschlichter, keine eigene Partei, keine eigene Person. Ich möchte dieses Machtspiel nicht mehr mitspielen. Ich darf für mich einstehen. Denn auch wenn mir niemand zuhört, es niemand verstehen kann, darf ich noch immer in mich hineinhören.

„Du bist nicht das schwarze Schaf, du bist das goldene!".
All das endet hier. Mit mir.

Ich bin es so was von leid, diese Teilzeitschuld zu tragen. Dass alles tragbar ist, bis sie selbst die Verantwortung für ihr Handeln übernehmen müssten – bis es ihnen besser passt, dass ich nicht gepasst habe.

Es wird sie wohl immer geben, die Menschen, die morgens das Haus mit Socken verlassen, damit man ihnen nichts in die Schuhe schieben kann. Aber ich werde mich nie wieder dafür entschuldigen, dass sie mir wehgetan haben. Ich darf aufhören, es auf meine Schultern zu packen, wenn es ihnen zu unbequem wird, für ihre Entscheidungen geradezustehen.

Ich verspreche dir, irgendwann wird es nicht mehr so sehr wehtun. Auch wenn es sich so anfühlt, als würde es niemals enden. Kein Gefühl der Welt bleibt für immer, wenn du es nicht in dir einsperrst.

Also weine, schreie, lass es raus. Es darf raus aus dir.

Vielleicht ist es deine Tränen nicht wert, aber du bist es.

Du darfst traurig sein, du darfst wütend sein.

Du darfst anfangen, das alles zu fühlen.

Du kannst das aushalten – dich darin halten.

Und wenn es nur für eine einzige Sekunde ist.

Es wird leichter werden. Versprochen.

Bitte gebt mir Zeit, in mir anzukommen.

Ich weiß noch nicht, wo ich mich in 10 Jahren sehe.

Bis vor einem Dreivierteljahr habe ich mich doch nicht einmal mehr hier gesehen. Wenn ich nun an die Zukunft denke, möchte ich vor allem glücklich sein. Aber wie ich dorthin komme, wird die Zeit zeigen.

Und bis es so weit ist, werde ich erstmal einfach nur leben. Denn so langsam glaube ich, das könnte ganz gut an mir aussehen.

Ich habe Angst, meine Träume an diesen alltäglichen Alptraum zu verlieren.

Manchmal habe ich Angst vor mir selbst, wenn ich das so sagen darf.

Nacht für Nacht beschließe ich, mein Leben wieder in die Hand zu nehmen – und doch lasse ich mich Tag für Tag aufs Neue fallen.

Und ja, ich kann es nicht schöner sagen: es ist total scheiße, dass ich wieder zurückgerutscht bin. Das streite ich gar nicht ab. Nur möchte ich sagen, dass ich heute nicht mehr hier wäre, hätte ich nicht darauf zurückgegriffen.

Diese Krankheit ist die Hölle, aber zumindest die Hölle auf Erden. Ich bin noch hier – wegen und trotz ihr.

Gott sei Dank.

Das kann es nicht gewesen sein, so sollte es nicht enden. Ich bin aus einem anderen Grund auf dieser Welt und ich darf mich endlich trauen, für das Leben zu brennen. Denn das Feuer in mir ist keine möglichst kleine Zahl auf der Waage. Ich kann mehr aus mir machen, als mich dünn zu hungern.

Ich kann es nicht nur, ich will es, will es von ganzem Herzen. Ich bin nicht so weit gekommen, um dort jetzt nicht mehr rauszukommen.

Ich möchte endlich leben. Und das werde ich.

Das verspreche ich mir.

Deine Vergangenheit versperrt dir nicht den Weg.

Sie liegt hinter dir.

Du stolperst in dem Moment, in dem du weitergehen
möchtest und auf sie zurückschaust.

Ich habe keine Zeit verschwendet, ich habe einfach nur viel davon zum Überleben gebraucht.

Aber hey, das ist okay, denn solange es auch gedauert hat – so habe ich doch nur deswegen noch Zeit zu leben.

Es darf mich wütend machen.

Wütend, dass ich so viel Zeit damit verschwendet habe, ihnen gefallen zu wollen, dass sie nicht verstehen, dass die letzten Jahre wortwörtlich kein Zuckerschlecken für mich waren. Dass ich mir selbst immer ein bisschen mehr wehgetan habe als sie mir, um die Kontrolle zu behalten.

War es okay, dass ich manchmal wollte, dass sie mir dabei zusehen müssen, wie ich mich Tag für Tag ein bisschen mehr gegen das Leben entschied? Ich konnte es ihnen nicht gönnen, dass es mir nach all dem wieder gut geht.

Wie sehr sollte ich mich dafür verurteilen, dass ich ihnen manchmal diese ganzen Schuldgefühle zurückgeben wollte, die sie bei mir ausgelöst haben – sei es, wenn es so lange braucht, bei meiner Beerdigung?

Wie verwerflich ist es, dass ich so gedacht habe?

Ich frage mich, wie ich die Wut fühlen kann, ohne sie so sehr gegen mich selbst zu richten.

„Raus mit der Wut!"

Wut zur Veränderung!

Nach all den Jahren, in denen ich gezwungen war zu bleiben, habe ich verstanden, dass der Drang, diese Welt zu verlassen, nur der totgeschwiegene Wunsch nach emotionaler Distanz war. Dieses zerrissene System zusammenzuhalten war nie meine Aufgabe. Deshalb darf ich ihnen nun die Verantwortung für ihr Handeln zurückgeben. Er bekommt sie zurück, die Verantwortung für sein Leben – etwas, das ich von vornherein nicht hätte tragen dürfen. Ich wäre nicht schuld daran gewesen, hätte er sich doch etwas angetan. Ob es am Ende nun ein Abschiedsbrief war oder nicht: Nichts hat mein Leben mehr auf den Kopf gestellt als diese Zeit. Nichts hat uns weiter auseinandergebracht als deine Reaktion darauf. Wie sehr kann man ein 14-jähriges Kind dafür verurteilen, dass es solche Worte nicht einfach vergessen kann und mit niemanden darüber spricht? Das monatelange Schweigen, die ständige Angst vor und um ihn, sein Verschwinden, das Versteckspiel, die Krisenintervention, das anwaltliche Kontaktverbot. All das ist nichts im Vergleich dazu, was seine Reaktion mit mir gemacht hat.

Denn all das fühlt sich nun wie meine Schuld an – weil es nur mir leid tat, wie sehr ich darunter gelitten habe.

Denn nein, „Familie" ist kein Synonym für „Entschuldigung", auch wenn ich ihnen nie die Schuld an all dem geben würde – aus Liebe zu mir.

Nicht, weil ich mich noch ein einziges Mal für die Bedingungen ihrer Liebe verbiegen würde.

Ich habe immer versucht,

diesen Hass aus dieser Familie zu bekommen.

Vergebens.

Er ist noch da, in mir, gegen mich gerichtet,

damit ich sie weiter lieben kann.

Und wie oft habe ich es erklärt, was mich verletzt – und ihr habt es immer wieder so perfekt gemacht, mit diesem noch perfekteren Lachen?

Wenn man nicht dieselbe Sprache spricht, was können Worte dann noch sagen? Und wenn sie mir ausgehen, könnt ihr leider sicher sein, dass wir gerade zu weit voneinander entfernt sind.

Denn weshalb sollte ich mich selbst auch nur ein einziges Mal mehr ans Messer liefern?

Mir fehlt die Sicherheit.

Sicherheit, dass sie hinter mir stehen, wenn sie nicht mindestens genauso davon profitieren.

Die Sicherheit, dass sie zu mir stehen, wenn wir unter Menschen sind.

Die Sicherheit, dass ich mich bedingungslos auf sie verlassen kann.

Vielleicht scheinen alte Muster deswegen noch immer so verlässlich, auch wenn sie mich nicht einmal mehr vor mir selbst sicher sein lassen. Als könnte ich den Stich ins Herz verhindern, indem ich mich selbst im Stich lasse. Aber schlussendlich konnte es mich erst nicht mehr so tief treffen, als ich angefangen habe, ein Schutzschild vor diesen verletzten Teil in mir zu halten. Als ich aufgehört habe, ihm mehr wehzutun, als sie es jemals könnten. Weil es dann nicht mehr ganz so weh tun kann. Man gewöhnt sich an den Schmerz.

Aber vielleicht darf er aufhören. Und vielleicht kann ich dann auch endlich wieder sicher für mich sein.

Ich will das nicht mehr.

Ich kann da nicht nochmal durch.

Bis hierhin und nicht weiter.

Sie haben mich schon so oft zurück in diese Hölle laufen

lassen, dieses Mal darf ich mir das nicht mehr antun.

Hey du.

Falls du gerade daran zweifelst, ob du den Kontakt zu deiner Familie abbrechen darfst: Du darfst.

So ein teures Gut kann dieser Bund nicht sein, dass du mit deiner Gesundheit bezahlen musst.

Und das tust du, wenn du darunter leidest – wenn du darin nicht die Sicherheit finden kannst, die jeder Mensch verdient zu fühlen.

Wenn du doch nie darum gebeten hast, Teil davon zu werden, weshalb solltest du es ihnen schulden, einer zu sein? Du darfst auf Abstand gehen, wenn du dir in deren Nähe selbst nicht nah sein kannst.

Ich bin dankbar, dass ich die Möglichkeit habe, auf Abstand gehen zu können – und darf dennoch traurig sein, dass dieser Schritt notwendig ist.

Papa, ich vermisse dich. Ich vermisse dich mit meinem ganzen gebrochenen Tochter-Herz.

Wie viel kann ich ohne Worte heilen – und wie viel bedarf es derer, damit es mich nicht mehr trifft, wenn sie ihre erheben?

Viktor Frankl hat einmal gesagt, dass zwischen Reiz und Reaktion ein Raum wäre, in welchem unsere Macht zur Wahl unserer Reaktion läge.

Und darin steckt so viel Wahres, dass ich dem gar nicht mehr viel hinzufügen möchte.

Es lebt sich wirklich befreiter, wenn man so sehr hingesehen hat, dass man nicht mehr blind reagiert.

Ich habe keine Angst mehr davor, gesund zu sein.

Ich habe Angst, gesund zu werden und dabei schon gesund auszusehen – dann nicht mehr ernst genommen zu werden und mit all diesen Gedanken allein dazustehen.

Ich weiß nicht, wie lange ich es schaffe, ihnen standzuhalten.

Und es ist, als würde man nur einsehen, dass man mich nicht fallen lassen darf, wenn man mir ansieht, dass ich mich nicht auffangen kann.

Mir macht es Angst, körperlich erwachsen zu werden –
von diesen kindlichen Zahlen loszulassen.

Vielleicht suche ich in ihnen das Gefühl, sicher zu sein.

Ein Kind darf Fehler machen, ohne einer zu sein.

Zahlen sind der unangreifbare Teil meiner selbst, weil nur
ich sie begreifen kann.

Nur frage ich mich, was so falsch an mir wäre, wenn ich
nicht alles richtig mache. Ich darf Fehler machen. Ich lebe
doch auch zum ersten Mal. Statt mich dafür zu verurteilen,
dürfte ich vielleicht auch stolz darauf sein, sie überhaupt
erkannt zu haben.

„Denn darin liegt die Chance, es beim nächsten Mal anders machen
zu können.“

Und rückwärts gelesen werde ich vielleicht irgendwann
sehen können, dass manche Fehler doch immer nur
Helfer waren. Nicht mehr und nicht weniger.

Mich sehnt's doch nur nach dieser kindlichen Leichtigkeit, als sich alles noch ein bisschen wärmer angefühlt hat.

Wann ist alles so kalt geworden?

Ich zu ihnen, die Welt da draußen, ich zu mir?

Diese Krankheit macht so kalt. Und doch hält diese Hölle mich ein bisschen warm. Ich wünschte, ich könnte mich endlich wieder selbst wärmen, wo ich doch eigentlich ein warmes Herz zu haben scheine.

Vielleicht brauche ich deswegen meine Musik an kalten Orten. Sie nimmt mich in den Arm, hält mich im Hier und Jetzt, damit mich die Erinnerung an diese dunkle Zeit nicht einnehmen kann. Sie ist da, wenn es dunkel wird, wenn ich mich einsam unter Menschen oder ihnen ausgeliefert fühle.

Es sind die Spuren von damals, die ich mit ihr zu überschreiben versuche.

Ich bin mir bewusst, dass etwas bleibt, dass ich auch dann jemand bin, wenn ich weniger krank bin.

Aber ich bin mir nicht sicher, ob dieses Etwas ausreicht, damit dieser Jemand genug ist.

Vielleicht, weil ich noch immer diese Leere in mir spüre, die ich nicht zu füllen weiß. Denn ich kann vieles ein bisschen, aber nichts so richtig gut. Ich bin jemand, der lieber Neues ausprobiert, als Altes zu wiederholen.

Mich macht so vieles glücklich, und doch fühle ich mich nie ganz erfüllt.

Ein bisschen Leere bleibt immer, die mich nie genug sein zu lassen scheint.

Es ist okay, wenn du noch nicht ganz weißt, wer du bist. Wenn du dich noch nicht ausprobieren konntest, weil es damals nicht sicher genug war.

Du darfst nur darauf vertrauen, dass deine Persönlichkeit trotzdem existiert. Die Welt sieht dich schon als das, was du bist, auch wenn du es selbst noch nicht erkennen kannst. Du bist genug, auch wenn dir dieses „Du" gerade noch zu fremd ist, als dass es genug greifbar wäre, um sich nicht wie zu wenig anzufühlen.

Du darfst dir die Zeit nehmen, die dir genommen worden ist, um dich kennenzulernen. Denn du musst dich doch nicht neu erfinden. Es geht nur darum, zu dir zu finden. Gib dir die Zeit, nicht die Schuld.

Das darfst du dir wert sein.

Falls es dir heute noch niemand gesagt hat:

Du bist gut so, wie du bist. Du bist genug, und genauso wie du bist, bist du richtig.

Denn hey, dich gibt's nur einmal auf diesem riesigen Planeten. Was rede ich? Nur einmal in diesem ganzen Universum. Wie könnte es Zufall sein, dass du du bist? Dass wir alle sind, wer wir sind. Warum sollten wir existieren, sollten wir nicht sein? Du bist ein Puzzleteil dieses Wunders, das sich Leben nennt.

Du bist wundervoll.

Die Essstörung macht dich nicht besonders.

Das ist die harte Wahrheit. Es gibt leider so viele Betroffene auf dieser Welt. Aber dich, dich gibt es nur einmal. Du allein bist einzigartig.

Man sieht dich nicht, weil du krank bist, sondern weil du du bist – weil es dich gibt.

Und dich gab es auch schon ohne diese Erkrankung. Vielleicht ist die Persönlichkeit wirklich ein bisschen wie ein Puzzle – und du bist mehr als nur eine einzige Eigenschaft, ein einziges Hobby, eine einzige Krankheit. Wenn du nun ein Teil davon loslässt, fehlt doch immer nur ein einziges Stück, und darin steckt die Chance, dich zu entwickeln.

Ja, dieses Loch macht Angst. Aber du darfst darauf vertrauen, dass es dich nicht einnehmen wird.

Du bist nicht nichts, da ist so viel mehr.

„Du bist so viel mehr."

Und ich wünsche dir so sehr, dass du das irgendwann sehen kannst. Und bis dahin verspreche ich dir, dass du trotzdem da bist.

Ich sehe dich – als das, wer du bist, nicht als das, was du hast.

Und immer, wenn du sagst: „Ich fange morgen an!", frage ich dich: „Wie oft noch?"

Ich möchte doch nur, dass du verstehst, dass du dir mit diesem Satz keine Zeit für dich nimmst – im Gegenteil, du nimmst sie dir. Wenn du dich nicht langsam für das Leben entscheidest, stirbst du Schritt für Schritt ein bisschen mehr und das ein bisschen schneller, als du es müsstest. Denn auch wenn wir alle früher oder später diese Welt verlassen werden, wird es früher für dich zu spät sein, wenn du dir weiterhin untersagst, zu leben.

Dann gibt es kein „morgen" mehr.

Und deswegen frage ich dich auch: „Wie lange noch?"

Denn wie viel schlimmer lässt du es noch zu, wenn doch zu oft aus einem „später" früher als man denkt ein „zu spät" wird?

„Nichts schmeckt so gut, wie es sich anfühlt, dünn zu sein!"

Ein Satz, auf den ich immer antworten wollte: „Bis du an dem Punkt stehst, an dem du nicht mehr darauf vertrauen kannst, dass Wasser wirklich keine Kalorien enthält – und aufhörst zu trinken."

Doch vielleicht kann man ihn auch anders lesen. Denn wer kann schon sagen, wie gut „Nichts" schmeckt? Es ist so ungreifbar, dass man keine Gefühle damit verbinden kann, und so leer, weil kein bisschen Leben darin Platz findet.

Und ja, so fühlt es sich an, so dünn zu sein. Eingesperrt in einer leblosen Hülle seiner selbst, in der man Sicherheit zu finden scheint. Denn wie hatte sie gesagt?

„Auch in einem Gefängnis ist man sicher."

Wie auch immer man es verstehen möchte – ich habe verstanden, dass ich mich daraus befreien muss, um mich lebendig fühlen zu können.

Vielleicht habe ich noch nicht aufgehört zu hoffen,

dass ihr mich irgendwann verstehen könnt.

Denn so wenig ich möchte, dass ihr meine Zeilen lest,

so sehr wünsche ich mir manchmal, dass ihr begreift,

was zwischen ihnen geschrieben steht.

Vielleicht fühle ich mich nur deshalb so verloren, weil
ich noch nicht zu mir selbst finden konnte.
Und vielleicht habe ich auch einfach nur Angst, mich
nicht zuhause fühlen zu können, wenn ich in mir
ankomme.

„Geh liebevoll mit dir um.

Für dich und deine Gesundheit – nicht für mich.

Dein Körper macht das nicht ewig mit."

„Bei diesem Gewicht höre ich auf."

Wie lange erzählst du dir das schon?

Ich mache mir das seit Jahren vor. Es ist ein Auf und Ab, das kein Ende zu finden scheint. Ein Versprechen, das nie an Bedeutung gewinnen durfte, weil ich nie genug Gewicht verlieren konnte.

„Wenn ich zunehme, dann war alles umsonst."

Wie oft hast du dich bei diesem Gedanken schon erwischt? Ich frage mich, wie Leid umsonst gewesen sein kann, wenn es dich so viel Leben gekostet hat.

Auf lange Sicht ist all das nicht nur auf der Waage ein Minusgeschäft, siehst du das nicht?

Welchen Gewinn kann man schon aus einem scheinbaren Traumkörper ziehen, der deine Realität zu einem einzigen Alptraum werden lässt?

Es ist nur eine Zahl, der du Gewicht gibst – kein Gewicht, das dir einen Wert gibt. Denn so sehr sich dein Körper auch im Laufe des Lebens verändern wird, dein Wert wird immer gleichbleiben.

Weil du zählst.

Du als Mensch, weil du verdammt nochmal wertvoll bist.

Und eigentlich ist es doch rein auf körperlicher Ebene total egal, wie viel ich abnehme. Meine Beine werden nie so aussehen, wie ich sie mir wünschen würde. Selbst wenn sich mein ganzer Körperbau ändern würde, sehen könnte ich es vermutlich dennoch nicht.

Körper sind verschieden wie Bäume im Wald. Und keine Eiche dieser Welt käme auf die Idee, alle ihre Blätter abzuwerfen, nur weil sie lieber Nadeln hätte. Was auch immer sie alles dafür täte, es würde nicht funktionieren – es liegt nicht in ihrer Natur.

Warum also sollte ich alles Mögliche aufgeben für eine einzige Unmöglichkeit?

(Vielleicht wird es irgendwann möglich sein, mich auch mit diesem Körper sicher zu fühlen.)

„Du hast nur diesen einen Körper.

Wenn du leben willst, musst du ihn leben lassen.“

Bin ich es mir wert, aufzuhören, einem Bild entsprechen zu wollen, und stattdessen anzufangen, mein eigenes von mir entstehen zu lassen?

Ich möchte endlich wissen, wer ich bin.

Ich, mit all meinen Gefühlen und Gedanken.

Vielleicht könnte das ja doch ganz cool werden. So richtig echt, wenn ich es bin.

Denn ich glaube langsam, dass ich eigentlich schon ganz okay bin, wenn ich wirklich ich bin.

Wäre es Teil dieser Krankheit, sich irgendwann krank genug zu fühlen, würden wohl nicht Tag für Tag Menschen ihr Leben an sie verlieren – jeden verdammten Tag. Wie könnte es denn ein „am kränksten" geben, wenn doch niemand zweimal am Tag sterben kann?

Ist denn einmal nicht genug?

Es zerbricht mir das Herz, wie viele Menschen ihre Augen für immer schließen, weil sie den Tod nicht kommen sahen. Es ist ein Spiel mit der Zeit, ein vergebliches Warten auf das Gefühl, krank genug zu sein.

Ein Stillstand, an dem so viele Herzen stehen bleiben.

Gib acht auf deins.

Du darfst genug davon haben, krank zu sein, ohne dich krank genug zu fühlen, okay?

Ich liebe es, wie groß die Kleinigkeiten des Lebens für mich sein können.

Auto kratzen im tiefsten Winter nach einem langen Tag macht wahrlich keinen Spaß – aber wie oft macht man das schon unter schönstem Sternenhimmel?

Ich kann mir damit ein wenig Wärme in kalten Momenten schaffen. Und ich glaube, das bedeutet, dass ich langsam Sicherheit in mir finde – dass ich mich der Welt nicht mehr so ausgeliefert fühle.

Sie überrennen mich – all die dunklen Erinnerungen.

Als würden sie erst das gesamte Licht in mir erlöschen und dann diese Panik entflammen. Sie brennt mich nieder, bis es mich einnimmt, dieses eisige Gefühl, nicht nur allein auf dieser Welt zu sein, sondern einsam. Einsam in meiner damals so kalten Welt. Verlassen. Ihnen ausgeliefert. Ihnen und ihren „lebenserhaltenden Maßnahmen" hilflos ausgeliefert. Mir sei nicht mehr zu helfen.

Verloren, aufgegeben.

Bloßgestellt wie eine Demonstration dafür, dass man mir nicht glauben kann, nicht trauen darf, dass ich ein falscher Mensch bin. Ein Haufen Nichts oder doch vielmehr die Schuld in Person und vor allem schuldig an meiner Situation. Ich kann sie nicht mehr ertragen.

Darf ich sie mir von den Schultern nehmen, die Schuld, die Scham, die Todesangst?

Ich erfriere in mir.

Darf ich mich selbst entschuldigen von einer Schuld, die mir dieses Krankenhaus vor Jahren auferlegt hat?

Wie kann man Erinnerungen loslassen, die man nicht greifen kann?

Eine Frage, die mich schon lange beschäftigt hat, und ich meine, eine Antwort gefunden zu haben.

Vielleicht liegt sie im Fühlen. Auch wenn man nicht weiß, woher dieses Gefühl kommt. Ich glaube, man darf darauf vertrauen, dass es nicht ewig so stark bleiben wird und abschwächen kann, wenn es nur genug sein durfte.

Es einzusperren hält es jedenfalls in seiner ganzen Wucht in dir gefangen.

Es fühlt sich sicherer an, in dieser Leere zu leben.
Denn umso weniger in mir ist, umso weniger kann mich
treffen, kann an mir zu viel sein.

„Du musst ihn nicht umarmen, nur weil er das möchte.

Du schuldest ihm nichts –

erst recht keine Entschuldigung."

Es ist okay, wenn du es vermisst, wie es früher war und gleichzeitig wütend darüber zu sein, was das mit dir gemacht hat.

Wenn ich ganz ehrlich bin, dann würde ich es ihnen manchmal gerne mit Absicht reindrücken, was das mit mir gemacht hat. Damit sie genauso wie ich mit meinen Symptomen konfrontiert sind, auf die mein Nervensystem zurückgreift, wenn ich in den Überlebensmodus falle.

Weil ich doch auch damit leben lernen muss.

Vielleicht ist das ein verdammt trotziger Anteil in mir, der möchte, dass sie es mitausbaden müssen.

Denn wenn sie das nicht aushalten können, hätten sie einfach nicht so mit mir umgehen dürfen.

Mein heutiges Ich weiß, dass ihr euch mir gegenüber nicht aus Boshaftigkeit so verhalten habt. Doch das Mädchen, das ihr halbes Leben lang gegen diese Krankheit kämpft, um es nicht zu verlieren, fragt sich noch immer:

Wie konntet ihr? Wie konntet ihr nichts merken? Wie konntet ihr mir immer wieder den Erdboden unter den Füßen wegreißen und dann nicht sehen, wie ich durch die Hölle gehe? Dieses kleine Mädchen hat dort all die Jahre auf euch gewartet. Sie hofft noch immer von ganzem Herzen, dass ihr sie sicher halten könnt, wenn sie nur tief genug gefallen ist. Sie vermisst euch.

Ich vermisse euch – und doch weiß ich, ich hätte es nicht überlebt, hätte ich diese Hoffnung nicht losgelassen.

Und es bricht mir noch immer das Herz, euch noch nicht die Hand reichen zu können. Nur, wie hätte ich sonst dieses Kind in mir sicher in meine Arme schließen können – sie selbst aus dieser Hölle befreien?

Ganz ehrlich? Tut es oder lasst es. Seid für mich da oder eben nicht. Aber tut nicht so, als ob ihr es wärt. Hört auf, eure Hilfe anzubieten, nur um mir dann vorzuwerfen, wie sehr ihr euch für mich aufgeopfert habt und wie undankbar ich doch bin. Hört auf, in mir den Grund zu finden, eure Träume nicht erfüllt zu haben. Ich bin nicht schuld daran. So sehr ihr es bereut, und so leid mir das wirklich für euch tut, hört auf, diese Reue an mich abzugeben.

Ich darf aufhören, mir früher oder später zum Vorwurf machen zu lassen, dass ihr für mich da wart. Ich habe eure Zeit nie gestohlen – ihr habt sie mir gegeben. Es war eure Entscheidung, also lebt damit. So hart das klingt. Kinder machen Probleme. Deswegen bin ich keines. Und ich bin auch nicht mehr bereit, die Schuld zu tragen, dass euer Leben nicht so verlaufen ist, wie ihr es euch gewünscht hättet.

Ich darf mein Leben anders leben. Ich muss mich nicht an euer Leid anpassen, um mitfühlen zu können, und ich muss nicht dasselbe fühlen, um euch dieses Leid abzunehmen.

Da ist es wieder, dieses Auf und Ab.

Aber nicht das, welches meine Lebenslinie zeichnet,

sondern jenes, das mich wieder ganz auf sicheren Boden

fallen lassen will, wenn mir der Himmel zu final und das

Fliegen zu unsicher ist.

Bitte höre auf, mit deinem Leben zu spielen.

Es gehört dir bereits, du kannst es nicht gewinnen – und doch wirst du es eines Tages verlieren.

Deine Tage sind gezählt – jeder Mensch ist sterblich. Niemand von uns weiß, wie viel Zeit ihm hier noch bleibt.

Also bitte spiele nicht damit, als könntest du Zeit gewinnen, wenn du immer haushoch riskierst, deinen einzigen Spieler zu verlieren.

Es tut mir leid. Wirklich – von Herzen.

Ich wollte nie eine so große Belastung für euch werden.

Es tut mir leid, wie ich die letzten Jahre war. Zu euch, zu mir, zum Leben. Ich wollte nie, dass ihr euch sorgt – ich dachte nur, darin die einzig unbedingte Liebe gefunden zu haben. Aber ich verspreche euch, ich möchte nun lernen, mich selbst bedingungslos zu lieben.

Vielleicht brauche ich noch ein bisschen mehr Zeit, aber ich bekomme das hin. Ich werde die Tochter, die Schwester und die Freundin sein, die ich so gerne wäre.

Ich werde wieder ich.

Ehrenwort.

Sie ist kleiner geworden, meine Schutzmauer gegenüber Komplimenten. Ich nehme sie nun als die Meinung meines Gegenübers an und kann mich darüber freuen, selbst wenn ich es nicht so sehe.

Nur ganz an mich heran lassen kann ich sie noch nicht. Es kommt mir vor, als wären sie an Bedingungen geknüpft, die ich fortan erfüllen muss, um genug zu sein. Ich halte Abstand, damit sie keine Grenzen durch mein Sein ziehen – meinen Wert nicht bedingen können.

Vielleicht habe ich Angst, dass ich nicht mehr ansehbar bin, wenn ich nicht mehr genauso gut bin oder aussehe. Dass man sich dann nicht mehr mir blicken lassen möchte.

Vielleicht, weil mir damals dieses Bild voller Bedingungen so sehr vor Augen gehalten wurde.

Vielleicht ist es nun an der Zeit, mir mein eigenes Bild zu malen. Ich darf unbedingt auf mich achten, oder?

Du darfst davon heilen.

An welchem Punkt auch immer du in deinem Leben

stehst, du musst dort nicht bleiben.

Du darfst weitergehen.

Ich habe so Angst, dass das niemals aufhören kann, weil ich mir nur einbilde, dass überhaupt jemals etwas angefangen hat.

Kann mir denn irgendjemand sagen, wie lang ich das noch aushalten muss?

Die stille Panik, die schon Tage bevor er an unserer Tür klingelt, langsam hochkommt. Sie schnürt mir den Hals zu – und nicht zu essen betäubt noch immer diese Schuld. Sie sperrt mich in meinem eigenen Körper ein. Er verkrampft so sehr, dass es ein einziger Kampf ist, mit diesen Schmerzen den Tag zu überstehen. Ich fühle mich so verdammt machtlos, weil ich diese Wut nicht loswerde. Sie steckt in mir fest, richtet sich gegen mich. Ich werde zu einer tickenden Zeitbombe für mich selbst. Sie darf auf gar keinen Fall explodieren. Diese Unruhe macht mich wahnsinnig. Ich renne so sehr auf Halbachtstellung durch die Straßen, um kein Treffen zu riskieren, dass ich vergesse, wo ich hinwollte. Ich bin zu sehr darauf fokussiert, deren Auto zu erkennen, bevor sie mich sehen könnten. Ist dieses Versteckspiel nur ein Wegrennen vor mir selbst – meiner Angst, weil es so verdammt weh tut, sie nicht einmal richtig erklären zu können. Denn wem wird schon gerne schlecht und schwindelig, wenn man die Menschen sieht, die einem in jedem Bilderbuch am nächsten sein sollten? Ich möchte mich doch nur endlich sicher in meiner Entscheidung fühlen.

Ich frage mich oft, ob ich einfach nur undankbar war, wenn ich mich wieder in eine Klinik geflüchtet habe. Damals schien es mir, als sei sie mein einziger Ausweg. Doch was, wenn ich mir nur selbst im Weg stand? Was, wenn ich sie durch meine zusammengesponnene Wahrnehmung in ein falsches Licht gestellt habe und es meine Schuld ist, dass mir seit ich 13 bin geraten wird, auszuziehen.

Ich habe Angst, dass ich mir das alles nur ausgedacht habe – wie ein schlechtes Märchen, in dem ich sie zum Bösewicht gemacht habe und in Wirklichkeit selbst auf der dunklen Seite stehe.

Zwei Dinge würde ich dir nun gerne für deine Geschichte mitgeben:

Erstens, wenngleich jeder Antagonist vorzugeben weiß, unschuldig zu sein, schreiben sich die wenigsten die Schuld ihrer Taten zu oder ringen mit ihrem Gewissen.

Zweitens, du bist auch kein Monster. Sie sind nur verdammt gut darin, dich daran zweifeln zu lassen, ein guter Mensch zu sein.

Wie gerne würde ich dich fragen, wo du warst.

Wo verdammt nochmal bist du gewesen, wenn ich dich wirklich gebraucht hätte? Du warst einfach nicht da.

Also sei mir bitte, bitte nicht böse, dass ich nun ohne dich leben kann.

Ich hoffe, du kannst mir irgendwann verzeihen, dass ich es dir noch nicht verzeihen konnte, dass du mich so verdammt oft fallen gelassen hast.

Leider wird viel zu oft unterschätzt, wie viel Kraft es kostet, hinter seiner Entscheidung zu stehen.

Dass wenn man auf Abstand geht, das nur der erste Schritt ist. Es ist ein Weg, für den man sich jeden Tag aufs Neue entscheiden muss, wenngleich man ihn nicht gehen möchte – selbst wenn man sich bewusst ist, dass es nicht anders gegangen wäre.

Das darf weh tun, auch wenn es deine Entscheidung war. Sie kann gut für dich gewesen sein und dich trotzdem traurig machen. Das ist okay.

Nein, wirklich. Das ist okay.

Ehrlich? Ich habe manchmal Angst vor mir selbst.

Ich kann vor allem flüchten, von jedem Abstand nehmen. Nur mir selbst bin ich ausgesetzt.

„Das ist der Wahnsinn, was man sich da antut."

Das ist es wohl, der pure Wahnsinn. Ich spiele mit meinem Leben, als gäbe es ein zweites. Als wäre ich selbst nur ein Nebencharakter darin.

Wie sehr kann man vergessen, dass ich nicht lebe, um in der Geschichte anderer gut dazustehen, sondern um meine eigene zu schreiben?

Wie sehr kann man verdrängen, dass sie mit mir endet? Für niemanden auf dieser Welt ist es so bedeutend wie für mich, für mich da zu sein. Warum also tue ich mir das an? Ich darf am Leben teilhaben – an meinem Leben teilnehmen. Ich verdiene diesen Teil.

Nichts verunsichert mich so sehr wie die Ungewissheit, ob ich wirklich okay bin. Es ist, als könnte ich Menschen nie so sicher an mich binden, dass sie verlässlich bleiben oder absehbar gehen. Es ist vielmehr ein Hin und Her aus dem Nichts. Menschen fühlen sich nicht sicher an. Vielleicht habe ich deshalb versucht, sie durch Krankheiten an mich zu binden. Sie sind sichtbarer als ich es zu sein scheine – ansehbarer. Sicherer als ich, weil ich nicht darauf vertrauen kann, dass man alles, was ich bin, nicht irgendwann gegen mich verwendet.

Ich weiß, aus mir spricht die Stimme eines Kindes, das lernte, lieber still zu sein. Ein Kind, das sich verschlossen hat, um nicht wieder ans offene Messer geliefert zu werden.

Und ich glaube, diese Ungewissheit, wann es mir zum Verhängnis wird, ich selbst zu sein, ist heute zu meinem eigentlichen Verhängnis geworden.

Weihnachten – wie es wirklich war:

Ich habe aufgehört, darauf zu warten, dass jemand sieht, wie schlimm es für mich war, nur damit es mir nicht abgesprochen wird, wenn man es mir nicht mehr ansieht. Als dürfte ich erst nach Hilfe fragen, wenn deren Notwendigkeit außer Frage steht.

Aber es geht diese Welt doch einen Scheißdreck an, wie meine Welt damals wirklich aussah. Ich weiß, dass es die Hölle war. Dass mich all diese Gefühle, vor denen ich damals weggelaufen bin, „alle Jahre wieder" überrennen. Als hätte das Mädchen von damals diesen Ort nie verlassen, weil sie nicht dachte, dass sie es überleben wird. Sie weiß nicht, dass ich es geschafft habe. Vielleicht kann ich deswegen nicht trennen, dass ich niemandem ausgesetzt bin, wenn es dunkel wird, dass ich nicht sterben werde, wenn es kalt wird. Aber diese Panik nimmt mich ein wie damals.

Sie versteht nicht, dass ich heute verdammt nochmal sicher bin.

Ich weiß, all das sitzt in meinem Kopf – deswegen muss ich dort raus. Raus aus mir. Einfach nur weg. Wohin? Weg von hier. Ich bekomme keine Luft mehr. „Mama, hole mich hier raus!"

Ich kann diese Familie nicht sehen. Nicht zu dieser Zeit.

Warum empfinde ich am Fest der Liebe nichts als Panik? Vielleicht, weil es bedingte Liebe bleibt.

Ich muss glücklich sein. Ich muss dankbar sein. Ich muss mit ihnen essen. Und dafür muss ich all das, was war, unbedingt verdrängen.

Sie werden nie verstehen, wie sehr es mich erdrückt, wie sehr mich ihr Verhalten in diese Zeit zurückversetzt. Ich kann das nicht. Ich kann da nicht nochmal durch. Ich weiß nicht, wie ich diese Tage überleben soll.

Ich renne und renne und renne – und wenn ich bis ans andere Ende der Welt rennen würde, ich kann dieser Angst nicht entkommen.

Ich renne in der Hoffnung, zusammenzubrechen. Flucht ins Krankenhaus. Irgendwohin, nur nicht zu ihnen – und nicht von dieser Welt. Es zerreißt mich. Die Gedanken waren schon lange nicht mehr so stark. Dabei möchte ich doch wieder leben, auch wenn mir das Leben selbst gerade keinen Schutz zu bieten scheint.

Mama, ich habe Angst vor mir selbst.

Ich halte diesen Druck nicht länger aus. Mir wird schlecht.

Atmen. Ein. Aus.

Ich muss die Kontrolle behalten.

Was auch immer ich jetzt mache, es darf nicht so schlimm sein, dass ich meine Autonomie verliere.

Was auch immer ich jetzt mache, alles, was weniger schlimm ist, ist nicht schlimm genug, um ihnen als Erklärung zu reichen.

Kann mir nicht bitte einfach etwas Schlimmes passieren? Bitte. Bitte. Bitte.

Ich verliere den Bezug zur Realität. Ich fühle mich so verdammt im Stich gelassen. Reiß dich zusammen. Nein. „Wir schaffen das zusammen."

Alles verschwimmt vor meinen Augen. Ich weiß nicht, wann ich das letzte Mal geweint habe – und mir hätte nichts Besseres passieren können. Es bricht aus mir heraus. All das, was damals war. All das, was es bis heute mit mir macht. All das, was heute ist. Als hätte Mamas Satz mich zurück ins Hier und Jetzt geholt. Er hat ihr ein kleines Tor durch meine Schutzmauer gewährt, die alles so verdammt kalt und dunkel werden ließ.

Diese Welt beginnt wohl, wärmer zu werden, wenn man aufhört, so kalt mit sich umzugehen. Vielleicht war dieses Weihnachten endlich nicht mehr ganz so kalt, weil ich all die Lichter des Weihnachtszaubers wieder in mein Herz gelassen habe.

Vielleicht war der Schlüssel, dass ich mir selbst erlauben musste, diesen Teil, der noch dort ist, abzuholen. Das Ich, das sich nicht traut, weiterzuleben.

Sie konnte es damals nicht besser wissen. Vielleicht ist es an der Zeit, dieses Mädchen in den Arm zu nehmen und ihr zu sagen, dass sie nicht mehr allein ist.

„Ich bin bei dir. Ich sehe dich, auch in deinen dunkelsten Momenten. Wir schaffen das gemeinsam dort raus. Wir überleben all das. Ich bin jetzt sicher für dich. Ich kann leben."

Ich darf leben, das weiß ich jetzt. Und vor allem beginne ich, es zu fühlen. Keine Worte dieser Welt können beschreiben, wie unendlich dankbar ich dir, Mama, bin, dass du so sehr für mich da warst. Wie dankbar ich auch mir selbst bin, dass ich durchgehalten habe. Winter für Winter. Weihnachten für Weihnachten.

Vielleicht musste ich mich so sehr fallen gelassen fühlen, damit ich mir erlauben konnte, nach Mamas Hand zu greifen und mich mit ihr selbst aufzufangen.

Vielleicht konnte ich nur so beginnen zu begreifen, dass ich heute sicher bin.

Am Ende waren es immer die Umarmungen,
die mich sicher im Hier und Jetzt gehalten haben.

31.12.2023 – Mein Jahresrückblick:

Seit Stunden überlege ich, wie ich anfangen soll, scrolle sinnlos durch meine Galerie, um eine Antwort darauf zu finden. Ich suche nach diesem einen Wort, das dieses Jahr zusammenfassen kann – es greifbar macht. Vergebens. Mir fehlen tatsächlich die Worte – und das muss man erstmal schaffen. Ich erkenne mich nicht wieder auf Bildern vom Anfang des Jahres. Und so froh ich bin, nicht mehr dort zu stehen, bin ich doch noch immer nicht in mir angekommen – ich bin irgendwo auf dem Weg und kann nur hoffen, dass es endlich mein eigener ist. Dieses Jahr hat mir viel abverlangt, zu viel, um „nur" die Sonnenseiten dieses Jahres zu zeigen. Auch wenn es sie gab, keine Frage – und dafür bin ich unendlich dankbar. Nur darf ich für mein zukünftiges Ich niemals vergessen, wie viel Stärke in mir steckt. Dass ich es, so viel Kraft es mich gekostet hat, geschafft habe, hier zu bleiben – die letzten 365 Tage überlebt habe. Ich war stärker als all das. Es war kein einfaches Jahr, nur sicher auch kein schlechtes. Ich hatte sie, die kleinen Momente, die immer und immer wieder ein Strahlen in meinen Augen entfachen konnten, die mich immer wieder zurück auf den Boden holten, als ich dachte, man habe ihn mir unter den Füßen weggerissen. Wie die erste Liebe – das Gefühl, überhaupt liebenswert zu sein. Bedingungslos. Zumindest fast. Ich habe mich oft gefragt, warum ich mich nie fallen lassen konnte. Vielleicht, weil ich noch nicht darauf vertrauen kann, sicher aufgefangen zu werden. Es tut weh, dass etwas so Schönes in die Brüche ging, weil ich in seiner Ganzheit keine Sicherheit finden konnte. Wie hätte ich auch, wo ich doch immer und immer wieder von denen, die mich zu halten versprachen, irgendwann fallen gelassen wurde? Irgendwann darf ich bestimmt noch positive Erfahrungen machen. Gerade tut es aber noch weh, dass Neues an Altem zerbricht und man sich schlussendlich an den Scherben dessen schneidet, was hätte sein können, wäre damals nichts gewesen. Und so sehr ich mir wünsche, all das wäre kein Teil mehr von mir, so kann ich es vielleicht doch „nur" hinter mir lassen. Nur ist „nur" hier vielleicht die falsche Formulierung, denn hey, wie viel Leben könnte ich in mein Leben lassen, würde ich dann endlich greifen können, wer ich bin, wenn ich loslasse, wer ich sein musste?

Ich hab's, mein Wort: Loslassen. Die Verantwortung für diese Familie und mit ihr all die Schuldgefühle. Ich darf leben. Ich darf sein. Auch wenn ich noch nicht ganz weiß, wer ich bin. Ich habe gelernt, darauf zu vertrauen, dass meine Persönlichkeit trotzdem existiert. Dass mich die Welt schon als das, was ich bin, sieht, auch wenn ich es selbst noch nicht ganz erkennen kann. Vielleicht bin ich doch schon immer genug gewesen. Ja, 2023 hat mich verdammt tief fallen lassen, eine riesige Leere in mir entstehen lassen. Aber vielleicht war genau das notwendig, damit ich mich selbst auffange. Damit ich wieder Platz in mir habe. Denn vielleicht muss ich mich gar nicht neu erfinden. Vielleicht geht es nur darum, wieder zu mir zu finden, ganz zu werden, diese Leere mit Leben (und Liebe?) zu füllen. Mein Leben will gelebt werden, ich will es wieder leben, von ganzem Herzen – und Liebe darin zulassen. 2023 – danke, dass du mir die Augen geöffnet hast. Dass ich, so oft du dich wie die Hölle angefühlt hast, mein Feuer darin gefunden habe. Ich weiß nun, wofür ich brenne. Danke für all das Schöne in diesem Jahr, danke an all die Menschen, die mich nie den Glauben an das Gute im Leben verlieren haben lassen. Danke, dass du in 28 Minuten vorbei bist und ich mich wirklich auf das nächste Jahr freue – ohne einen einzigen Gedanken, dass das mein letztes Silvester ist. Ich bin ein bisschen stolz auf mich. Und damit: frohes Neues!

Eines der mutigsten Worte neben „nein"

scheint mir „Hilfe" zu sein.

Nicht aufzugeben bedeutet auch,

erst einmal nur Kraft für die nächste Stufe aufzubringen.

Du musst keine Riesensprünge hinlegen,

um es diese Treppe hinauf schaffen zu können.

Du darfst diesen Weg Schritt für Schritt gehen.

Und siehst du? Du kommst voran.

Du kannst schaffen, was dich gerade noch so sehr schafft. Auch wenn es sich so anfühlt, als würde dir langsam die Kraft ausgehen.

Du kannst mehr, als du denkst, und du darfst aufhören, so sehr an dir zu zweifeln. Denn so oft, wie du an dir zu zweifeln vermagst, kannst du doch gar nicht scheitern. Und wenn du dir den Glauben an dich gerade nicht vor Augen halten kannst, leihe ich dir meinen, bis du wieder sehen kannst, wie unglaublich du bist.

Bitte mach dir nicht zum Vorwurf, wie du mit dir umgegangen bist.

Du hast versucht zu überleben. Und das hast du.

Bitte verzeihe dir die Art und Weise, wie du das geschafft hast. Du wusstest doch noch so viel weniger vom Leben und noch viel weniger, wie man mit all dem umgeht.

Du darfst dir selbst für all die Dinge vergeben, die du damals einfach noch nicht besser konntest.

Ich darf noch verstehen, dass ich langsam für mich selbst da sein kann. Dass ich auch Hilfe annehmen darf, bevor sie mir zugestanden wird. Dass ich die Kontrolle behalten kann, wenn ich mir helfen lasse, und dass nichts passieren muss, damit ich Hilfe verdiene. Vielleicht darf ich nur auch noch lernen, dass Sorge keine Form von unbedingter Liebe ist, nur weil sie so lange die einzige greifbare Bedingung dafür war, nicht fallen gelassen zu werden. Ich muss niemanden mehr durch Sorgen an mich binden. Es gibt Menschen, die mich bedingungslos mögen können. Menschen, die bleiben, auch wenn ich bei mir bleibe.

Manchmal, nur manchmal, da habe ich Angst um mich. Wenn mein Körper ausspricht, was ich mich nicht zu sagen traue: dass ich Hilfe brauche, dass sie mich endlich aufhalten sollen. Dass ich die Verantwortung für das Leben, das ich doch eigentlich wieder so sehr leben will, noch nicht tragen kann. Oder möchte?

Nach Hilfe zu fragen, fühlt sich falsch an. Als würde ich mir etwas anmaßen, wenn sie noch keine Wichtigkeit darin vermessen wollen.

Reicht es denn nicht, dass ich anfange, Angst vor mir selbst zu bekommen? Davor, was ich meinem Körper zumute, weil ich noch nicht mutig genug bin, mich selbst mehr wertzuschätzen als ihren Maßstab.

Wohin auch immer der Zahl auf der Waage ausschlägt,

das zählt nicht mehr,

wenn dein Herz aufhört zu schlagen.

Und ich kann dir nur sagen: Manchmal erleichtert es das Ganze, nicht mehr auf diese Glasplatte zu steigen.

Auch wenn du dann ein bisschen in der Luft schwebst – so, als hätte dir jemand den Boden unter den Füßen weggerissen. Dieses Gefühl wird vergehen, versprochen. Spätestens, wenn du merkst, dass du wieder mit beiden Beinen im Leben stehst.

„Einen Versuch ist es wert. Zurückgehen kannst du immer noch."

Ich weiß nicht, ob ich jemals wirklich okay damit sein werde, zu diesen schrecklichen Familiengesprächen gezwungen worden zu sein.

Dass mir keine Klinik diesen Abstand zugestanden hat, den ich von Anfang an gebraucht hätte. Dass ich selbst dort nicht sicher war. Sie wurden mir erklärt, aber ich nicht verstanden. Ich musste auf sie zugehen, obwohl ich mich dafür immer wieder selbst verlassen musste. Während sie weiter mit ihren Giftpfeilen schießen durften, sollte ich sie mir einfach nur als „Giftzwerge" vorstellen. Mich abgrenzen - aber Grenzen ziehen, das durfte ich nicht. Nur einfach damit umgehen lernen, wie sie mit mir umgehen. Umgegangen sind.

Hätte man mich einmal all das aussprechen lassen, ohne mich zu einer Aussprache zu zwingen, hätte man hören können, dass kein Gespräch dieser Welt heilen kann, was damals kaputt gegangen ist. Sie entschuldigen sich nicht, weil es ihnen für mich leidtut, sondern für sie. Weil sie mich verloren haben. Ein Verlust, den wir uns teilen.

6 Jahre. 6 Jahre und weiß Gott wie viele Therapeuten hat es gebraucht, bis mir ein geschützter Raum zugesprochen wurde. Und ich weiß nicht, ob ich ihr jemals genug dafür danken kann.

Ich will ihm gar nicht unterstellen, dass er mich nicht verstehen wollte. Es ging darum, dass er es nicht konnte, aber doch immer so verständnisvoll tat, dass sie ihn besser verstehen konnten als mich – und dann immer nur wollten, dass ich ihn auch verstehe.

Es war so, als würde ich von da an auch in ihren Augen übertreiben. Weil er doch so lieb ist.

Das möchte ich auch gar nicht abstreiten, nur hat seine Art, mich zu lieben, mir zu oft zu sehr geschadet. Und das konnte einfach niemand verstehen. Vielleicht durfte es deswegen kein Thema mehr für mich sein, sobald darüber gesprochen wurde. Er meint es doch nur gut.

Das war, weshalb, als alles, was ich brauchte, jemand war, der sich vor mich stellt, all die Therapeuten immer "nur" hinter mir standen und mich ihm entgegendrängten. Sie konnten nicht begreifen, wie schlimm das wirklich für mich war, welcher Angst sie mich ausgesetzt haben. Man hat sie mir nur vorgehalten, die Angst vor und um ihn. Denn weil er doch so verständnisvoll ist, muss ich doch auch mal auf ihn zugehen können.

Nur war ein Schritt auf ihn zu damals immer ein Schritt von mir weg.

Über manches hilft es nicht zu reden, wenn doch die Stille immer mehr gesprochen hat als es Worte jemals könnten. Für alles Verständnis haben zu müssen lehrte mich nur, ihn für etwas zu entschuldigen, wofür ich fortan die Schuld zu tragen übernahm.

Ihn mir zu erklären hat nichts geklärt, weil sie nicht dabei waren, wenn er war, wie er wirklich war. Vielleicht kann ich es deswegen nicht mehr hören, dass ich mich doch mal in ihn hineinversetzen muss. Das habe ich, immer und immer wieder. Ich möchte endlich bei mir bleiben dürfen. Ich verstehe ihn. Ich verstehe, was er warum wann macht. Ich kann mir das alles erklären.

Aber ich möchte mich selbst endlich begreifen können und, dass mir jemand mich erklärt, ohne ihn in Schutz zu nehmen. Mich hat doch auch niemand geschützt.

Ist, als würde mit jedem Schritt, den ich auf ihn zugehe, die Zahl der Bedingungen steigen, die ich erfüllen muss, damit er mir nicht vorwerfen kann, ich würde mich wieder distanzieren.

Wie schön wäre es, wenn ihr etwas falsch gemacht habt, das nicht nur war, um mich zu testen. Um mir zu zeigen, dass der Fehler eigentlich bei – oder in? – mir liegt. Dass ich etwas nicht kann, was für euch doch so ein Kinderspiel ist. Als würde es euch Spaß machen, mein Können damit runterzuspielen.

Wie schön wäre es, würdet ihr mir zugestehen können, dass ich etwas kann und mir nicht das Gegenteil beweisen wollen.

Wie schön ist es, dass ich lernen kann, mir all das selbst zuzutrauen. Dass ich etwas gut können darf, ohne es schlechtreden zu müssen, nur damit ihr das nicht mehr könnt. Ich weiß, dass ich irgendetwas kann. Und so langsam auch, was das ist und dass ich dieses Können an keinen Pokal dieser Welt binden muss, um es euch zu beweisen.

Ich glaube, es ist verdammt wichtig, die Erfahrung machen zu dürfen, dass es Menschen gibt, die nachsichtig sein und ihre Verantwortung selbst tragen können.

Dass Entschuldigungen dich auch wirklich entschuldigen können und die Schuld nicht für immer auf deinen Schultern lasten muss.

Wie solltest du sonst lernen, für dein Handeln gerade zu stehen, wenn sie dich langsam in die Knie zwingt?

„Du bist schon so in Ordnung, wie du bist. Jeder macht mal etwas falsch, deswegen ist man kein falscher Mensch."

Manchmal wünschte ich, dass es mit dem Herzen so wäre wie mit all den kleinen Wunden, die das Leben mit der Zeit so hinterlässt.

Wie einfach wäre es, könnte man ein Lillifee-Pflaster draufkleben, ein bisschen pusten, und die Welt wäre wieder ganz.

Aber vielleicht kam es schon immer eher darauf an, wer es dir aufklebt.

Und vielleicht können wahre Herzensmenschen doch die Verletzungen in deinem Herzen heilen lassen, die andere ihm zugefügt haben.

Wenn ich eines lernen durfte, dann ist es wohl, dass diese Unsicherheit in einem Raum mit sicheren Menschen keinen Platz findet.

Ich brauche einen sicheren Ort, an dem ich sein darf.

Eine Hand, die meine sicher hält.

Niemanden, der mich festhält. Keinen, der mich fallen lässt und dann vorgibt, mich gerettet zu haben.

Ich verspreche dir, du bist sicher, wenn du heilst. Du musst nicht verletzt bleiben, nur um nicht noch einmal auf dieselbe Weise verletzt werden zu können.

Vielleicht habe ich gar nicht mehr so viel Angst davor, niemand zu sein. Denn ich bin mir selbst langsam genug, wenn ich allein mit mir bin. Ich werde okay mit mir.

Nur was, wenn ich zu wenig bin, um jemand zu sein, der allein als er selbst für andere genug ist? Wenn ich so, wie ich bin, für andere nicht ausreiche, es für andere nicht wert bin, Raum einzunehmen – ihnen mit meiner Präsenz zu viel bin?

Vielleicht wird die Angst, diesen Raum nicht zu verdienen, weniger, wenn ich noch ein bisschen mehr in mich hineinwachse.

Nur wenn du losgehst, kannst du auch wieder im Leben ankommen. Verstehe mich nicht falsch, du darfst selbst entscheiden, ob überhaupt und in welchem Tempo du dich in diese Richtung bewegen kannst.

Ich würde auch niemals behaupten, dass du dir keine Zeit geben darfst. Dass es unbedingt Riesensprünge braucht und es nicht doch manchmal die unzähligen Babyschritte sind, die am Ende zählen. Mir ist nur wichtig, dir ans Herz zu legen, dass du nur weiterkommen kannst, wenn du dir die Chance gibst, mit der Zeit zu gehen.

Denn wenn du dir weiterhin immer mehr Zeit nimmst, hast du vielleicht bald keine mehr. Dieser Puffer, auf den du dich so sehr verlässt, ist deine Lebenszeit. Und sie wird irgendwann ausgeschöpft sein, ganz egal, an welchem Punkt du stehst. Weshalb sparst du an gelebtem Leben ein? Schiebst es auf den Abend? Hebst es auf für Momente, von denen du nicht weißt, ob du sie noch erleben wirst? Denn was, wenn später zu spät ist und du all das Schöne verpasst? Auf was wartest du?

Ein Wunder? Ey, du bist eines!

Du bist wundervoll und hast es verdient, Wundervolles zu erleben.

Wann und ob du damit aufhören willst, darfst du frei entscheiden. Du solltest nur sicherstellen, ob du mit dir vereinbaren kannst, tatsächlich noch ein Jahr oder auch nur einen einzigen Tag zu warten.

Du weißt nie, ob du morgen wieder aufwachst, nächstes Weihnachten noch hier bist und deinen nächsten Geburtstag noch erlebst.

Wo wird es dich denn hinführen, wenn du genauso weitermachst wie bisher? Welche Entscheidung du auch triffst, bedenke, dass sie dein zukünftiges Ich betreffen wird. Und wann, wenn nicht in diesem Leben, willst du anfangen, dich für dich zu entscheiden?

Wie viel Zeit willst du noch verschenken, bis du anfängst, an dich zu denken?

Wie oft bist du schon gerannt,

nur um ein paar Sekunden zu gewinnen,

wenngleich du doch Jahre verlierst,

nicht das Leben zu führen, das du leben möchtest?

Ich bin nicht so weit gekommen,

um mich jetzt noch aufzugeben.

Niemals.

Wie lange es auch dauern wird, ich glaube daran,

dass ich zu mir finden werde.

Ich glaube an mich.

Ich habe manchmal verdammt Angst vor mir selbst. Wenn ich nicht mehr das Gefühl habe, Herr meiner selbst zu sein.

Wenn jeder Bissen so unüberwindbar scheint, weil ein Teil in mir einfach nicht mehr essen möchte.

Wirklich nichts mehr.

Wenn ich vor Hunger wie auf Autopilot Essen kaue und wieder ausspucke oder mich diese ständige Unruhe wie verrückt auf der Stelle auf und ab springen lässt.

Wenn ich mich doch wieder über dem Waschbecken finde, wohlwissend, dass bei weitem nicht alles rauskommen wird, wo ich mir doch am liebsten die ganze Seele aus dem Leib kotzen würde.

Wenn meine Füße wieder weiß anlaufen und sich immer wieder kurz der Boden unter ihnen dreht.

Ich gehe an meine Grenzen, nur weil ich so verdammt Angst habe, sie zu verlieren, wenn ich mir erlaube, zu essen. Vielleicht flüchte ich mich deswegen in den Schlaf. Dort kann mich das schlechte Gewissen nicht einholen. Es sei denn, dass ich die halbe Nacht gegen diese Übelkeit ankämpfen muss, damit zumindest das drinbleibt, was ich runterbekommen habe.

Ich habe Angst, mir selbst nicht mehr zu entkommen.

Es ist allerhöchste Zeit für einen Mutausbruch,

denn es ist verdammt mutig,

diese Wut endlich zu fühlen – sie rauszulassen.

Ja, ich bin wütend auf meinen Körper. Vielleicht auch wütend auf mich, weil ihn keine Schuld trifft – er hat immer nur um mein Leben gekämpft, während ich keinen Frieden damit schließen konnte.

Und auch, wenn ich die Verantwortung dafür trage, noch immer nicht gut mit ihm umzugehen, habe ich doch manchmal Angst, dass es nicht mehr besser wird. Dass er nie mehr aufhören wird, so wehzutun und ich mit dem Wissen leben lernen muss, selbst schuld daran zu sein.

Ich kann nicht mehr mitansehen, wie sehr mein Körper darunter leidet. Ich bin diese Schmerzen so leid.

Es tut weh zu sehen, wie kaputt ich mich gemacht habe, und mich doch gleichzeitig nie kaputt genug zu fühlen, um mich reparieren zu dürfen. Ich komme noch durch den TÜV – wozu die Werkstatt bezahlen?

Noch nicht.

Noch wie lange?

Ehrlich?

Ich kann schon so lange nicht mehr.

Manchmal frage ich mich, wie lange ich trotzdem noch

kann. Wie kann es sein, dass etwas so schlimm ist,

dass man es keine Sekunde länger aushält

und dann doch Tag für Tag weiter damit macht?

Es ist doch voll okay, wenn du es allein schaffen möchtest.

Denn das bedeutet nicht, dass du keine Hilfe annehmen darfst.

Nur weil jemand deine Hand hält, gehst du doch trotzdem jeden Schritt selbst.

Nach Hilfe zu fragen, bedeutet nicht, dass du versagt hast.

Es ist eine Form der Selbsthilfe, okay?

- Ich bin auch nicht gerade stolz darauf, wieder Fresubin im Haus zu haben, aber könnte es sehr wohl sein, weil ich um Hilfe gebeten habe.

Vielleicht geht es gar nicht darum,

zu verhindern, jemals wieder verletzt zu werden,

sondern darum, darauf zu vertrauen,

dass du heute damit umgehen kannst und gehen darfst.

Es tut weh, dass mein Körper mehr weh tut, wenn ich zu Hause bin. Ich frage mich, ob er irgendwann nicht mehr mit diesen Schmerzen reagiert, wenn die so hart erkämpfte Distanz bedroht zu sein scheint. Ob diese Sitzschmerzen irgendwann aufhören, von denen ich nicht weiß, ob sie ein Fluchtinstinkt sind oder es wirklich Zeit ist, zu gehen.

Vielleicht darf mein Körper noch verstehen lernen, dass er nicht mehr eingesperrt ist, nicht mehr gezwungen ist, dort zu bleiben, wo mir weh getan wird. Dass es keine verhaltenstherapeutischen Regeln mehr gibt und dass er nun jeder noch so kleinen Situation entkommen kann. Dass ich aufstehen, den Raum und das Haus verlassen darf – solange, bis der Schmerz nachlässt und nicht, solange man mich lässt.

Solange, bis ich mich wieder sicher fühle.

Ich brauche gerade so verdammt viel Sicherheit von außen. Nur bin ich mir nicht sicher, ob das zu viel verlangt ist. Sicherheit, dass es okay ist, wenn ich fühle, wenn ich eine Meinung habe, wenn ich Entscheidungen treffe, wenn ich Raum einnehme, wenn ich an mich denke.

Sicherheit, dass es okay ist, wenn ich mein Leben lebe.

Ich weiß, dass ich nicht mehr krank sein muss, um ernst genommen zu werden. Die Leute, die das betrifft, sind nicht mehr Teil meines Kernlebens. Und doch brauche ich noch immer so viel Bestätigung, dass ich ich sein darf und dafür nicht abgewertet werde.

Vielleicht, bis ich mir meiner selbst so sicher bin, dass ich bei mir bleiben kann, auch wenn man mich verlässt.

Aber vielleicht braucht es auch diese äußerliche Sicherheit, um sie in mir zulassen zu können. Denn wie sollte man wissen können, wie sie sich anfühlt, wenn man doch so lange nur diese Unsicherheit gespürt hat?

Manchmal hätte ich gerne ganz normale Probleme: Jungs, Partys, der überteuerte Kaffee in der Uni oder ganz basal: Nudeln mit rotem oder grünem Pesto? Fragen, die mir gar nicht in den Kopf kommen, weil er überfüllt ist mit einem Thema, das über Leben und Tod entscheiden kann.

Manchmal frage ich mich,
ob es jemals wieder normal werden kann,
wenn es das doch nie war.

Es gibt so vieles, das ein Wort niemals zu sagen vermag. Denn wie könnte es sonst sein, dass eine halbe Million Wörter nicht beschreiben kann, wie es wirklich war?

Ich traue mich gar nicht, es laut auszusprechen,

aber manchmal wünschte ich, mir wäre etwas Greifbares

passiert, um eine Erklärung in der Hand zu haben,

weshalb ich so bin, wie ich bin.

"Krieg´ dich mal wieder ein." Wie oft habe ich das gehört? Als müsste ich mich wieder fangen.

Glaubt mir, das habe ich. Ich habe mich zusammengerissen in die Bruchstücke meiner Selbst.

Und wenn ich etwas daraus gelernt habe, dann, dass du dich nicht dein Leben lang zerreißen kannst, um andere mit Teilen von dir zu flicken, bis nichts mehr von dir übrig ist. Ich muss mich nicht fangen. Im Gegenteil.

Ich darf anfangen, mich freizulassen.

Vielleicht kann es meinem Körper erst wieder gut gehen, wenn ich es ihm zugestehe.

Wenn ich mir erlaube, den Schmerz nicht mehr in mir festhalten zu müssen, nur damit ihn mir niemand absprechen kann.

Zu heilen ist ein Prozess, der verdammt viel Kraft braucht. Und es ist sowas von okay, es zu priorisieren, dich aufzutanken – Dinge zu machen, die deiner Seele guttun, und dir die Energie zuzugestehen, die dein Körper braucht, um all das zu verarbeiten.

Wie okay ist es, dass ich keinen Kontakt möchte?

Denn für ihre Bedingungen geradezustehen, bedeutet noch immer, mich so sehr zu verbiegen, dass ich körperliche Schmerzen habe. Um in ihr Bild zu passen, muss ich mich noch immer selbst verlassen. Denn um es erfüllen zu können, muss ich alles, was ich bin, mit dieser Leere in mir betäuben. Vielleicht fühle ich mich deswegen so verdammt einsam, wenn ich mit ihnen zusammen bin. Ist es okay, dass ich noch immer so viel Zeit für mich brauche, um mir selbst wieder nahzukommen?

Ich darf bei mir bleiben, auch wenn das bedeutet, noch nicht zu ihnen zu gehen, oder?

Es tut manchmal mehr weh, wenn es gerade nicht weh tut, weil man nicht ungeschehen machen kann, was das mit mir gemacht hat.

Es hat mich zu sehr geformt, als dass man es so einfach wieder ausbügeln könnte – so sehr ich mir es wünschen würde. Ich bin kein nachtragender Mensch und doch trage ich all das eben noch in mir.

Es euch nicht nachzutragen ist das eine, aber ich habe schwer daran zu tragen, dass ihr so tut, als wäre nie etwas gewesen.

Nur weil es ihnen jetzt leidtut, heißt das nicht,

dass es mein Leid nie gab.

Denn ich werde sie nie vergessen können,

die täglichen Panikattacken, die nächtlichen Alpträume

und all die Kämpfe dazwischen.

Vielleicht tut es manchmal auch mehr weh, wenn sie mir nicht wehtun, weil es immer wehgetan hat. Als wäre das das Einzige, was mich noch mit ihnen verbindet. Vielleicht will ich deswegen manchmal nicht, dass es besser wird. Denn was auch immer sie versuchen zu geben, sie haben mir damals zu viel genommen, als dass ich es heute noch brauchen könnte.

Vielleicht aber auch, weil es dann „irgendwann mal wieder gut sein" muss. Aber nur, weil es besser wird, heißt das nicht, dass es schon immer gut war. Und zu merken, dass es das nicht gewesen sein kann, tut weh. Denn so sehr sie mich auch verletzt haben, vermisse ich die Zeit, in der alles noch so unbeschwert schien.

Es tut weh, dass sich das Leben leichter anfühlt, wenn sie kein Teil mehr davon sind.

Es tut weh, dass Mama weint, wenn sie meinen Körper sieht.

Und es tut weh, dass ich weine, wenn ich Bilder von meinem gesunden Körper sehe.

Mein Körper tut weh – und ich tue ihm weh.

„Verzweiflung kann wütend machen."

Ich fühle mich so verdammt schuldig, wenn es mir besser geht, weil es doch so scheint, als würde es mit meinem Sein so vielen Menschen schlechter gehen.

- Mama, ich verspreche dir, ich werde alles dafür geben, die Tochter zu werden, die du verdienst.

Darf ich bitte selbst entscheiden, wie es mir geht?

Was bildet ihr euch ein, an meinem Äußeren festzumachen, wie es mir zu gehen hat – ohne mich überhaupt zu fragen?

Es wundert mich wirklich nicht mehr, dass ich angefangen habe, über meinen Körper zu kommunizieren.

Und solange ihr nur darauf schaut, wie ich aussehe, müsst ihr euch nicht wundern, dass ich euch nicht unter die Augen treten möchte.

Weißt du,

stark sein heißt nicht immer, immer weiterzumachen.

Denn wenn es dir mehr Kraft nimmt, als du hast,

bist du doch viel stärker, wenn du damit aufhörst.

Das ist kein Schritt zurück, das ist ein Schritt zu dir.

Ich saß schon vor unzähligen Therapeuten mit Tränen in den Augen – ohne jemals eine einzige davon vergossen zu haben. Mir wurde immer wieder gesagt, dass ich es nicht schaffen werde. Vielleicht, weil sie nicht sehen konnten, dass diese ganzen Nebenkriegsschauplätze das eigentliche Schlachtfeld waren. Ich war nicht therapieresistent. Die Essstörung hat nur etwas verdeckt, das nicht sein durfte. Sie hält diese kleinen Teile zusammen, weil es mich sonst in tausend Stücke zerbrechen würde – und ich gehe lieber als Ganzes kaputt, als gänzlich kaputt zu sein.

Aber bis heute hat es mich nicht gänzlich geschafft – und ich werde niemals den Glauben daran verlieren, dass ich es irgendwann ganz geschafft haben werde. Denn wenn ich etwas im letzten Jahr lernen durfte, dann, dass es nie so aussichtslos ist, wie es manchmal scheint. Und ich werde mir von niemanden auf dieser Welt mehr das Gegenteil erzählen lassen. *Sie glaubt an mich.*

Und wie sollte es nicht möglich sein, wenn auch nur eine einzige Person daran glauben kann?

Und weißt du, auch du darfst diese Person sein.

Du darfst an dich glauben.

Denn wer glauben sie zu sein, dir sagen zu dürfen, wie viel du schaffen kannst?

Es ist nicht deine Schuld, dass du krank geworden bist.

„Du hast dir das nicht ausgesucht."

Aber nur du allein kannst heilen wollen.

Du hältst den Schlüssel in der Hand, auch wenn du dich nie dafür entschieden hast, dich darin einzusperren.

Es ist ein Privileg, handeln zu können.

Trotzdem ist krank erstmal krank. Bitte höre auf, dir zum Vorwurf zu machen, dass du dein Leben nicht zu 100 % auszunutzen scheinst. Du musst nicht jeden einzelnen Teil auskosten, um es als Ganzes wertschätzen zu können – auch wenn du das gerne würdest.

Denn geht es wirklich darum, möglichst perfekt ausgefüllt zu leben?

Für mich ist es nur von Wert, währenddessen glücklich zu sein – im Moment zu sein, nicht von Moment zu Moment zu rennen. Du darfst so viel leben, wie du es gerade kannst. Das ist okay.

Du lebst nicht umsonst, wenn du etwas nicht erlebst und manchmal einfach nur versuchst, zu überleben.

Dein Leben ist kostbar. Immer.

„Meine Eltern sind geschieden, natürlich…" bin ich Meister darin, eine Gratwanderung durch ein Minenfeld zu absolvieren, um keine Angriffsfläche an zwei Menschen entstehen zu lassen, in deren Schusslinie ich dann schlussendlich selbst stehe.

Papa meinte, ich hätte mich schon entschieden. Stimmt. Aber nicht für ihn oder für Mama. Sondern für mich. Für meinen Frieden.

Auch wenn sie es beide als Angriff auffassen, schieße ich gegen niemanden. Nicht gegen ihn, nicht gegen sie, nicht gegen mich.

Vielleicht können sie irgendwann verstehen, dass ich nie Teil dieses Krieges war.

- Bitte sei mir nicht böse, dass ich „sie" schreibe. Ich werfe euch nicht in den gleichen Topf, nur weil ich euch im selben Satz verwende.

Vielleicht habe ich ihn doch nie ganz geliebt.

Denn so sehr er mir ans Herz gewachsen ist, habe ich

darin nur die Art, wie er als Mann mit mir umgegangen

ist, zugelassen – nicht seinen männlichen Körper.

Es sticht mir noch immer ins Herz, dass ich ihn nicht

näher an mich ranlassen konnte, weil sein Charakter in

einer Hülle lebt, vor der ich mich zu Tode fürchte.

Ehrlich gesagt tut es mir manchmal verdammt weh,

zu sehen, wie viele Menschen sich lieben können.

Es macht mich wütend, dass ich so eine verdammte Angst

davor habe, Nähe zuzulassen.

Ich verstehe nicht, was ich falsch gemacht habe.

Wo bin ich falsch abgebogen, dass mich etwas so Schönes

nicht nur anzuekeln, sondern nicht selten auch panisch

werden zu lassen vermag?

Manchmal macht es mir mehr Angst,

wenn es mir nichts mehr ausmacht.

Denn was macht mich dann noch aus?

Manchmal fühlt es sich so an, als würde nichts mehr übrigbleiben, wenn ich das loslasse, mit dem ich mich die letzten Jahre identifiziert habe.

Aber vielleicht geht es nun darum, mein altes Ich anzunehmen, ohne es noch immer zu sein – es meine Vergangenheit werden zu lassen.

Sie abzuschließen, ohne mich darin einzusperren.

Denn nur weil sie mich lange geprägt hat, muss sie mich nicht länger definieren, oder?

Und ich glaube, wenn du wirklich zu dir gefunden hast, macht es dir auch gar nicht mehr so viel Angst, dass du dich wieder in deiner Vergangenheit verlieren könntest. Denn wenn du verstanden hast, dass du nicht zurückgehst, sondern es vielmehr ein Auf und Ab ist, kannst du allem immer mit heutiger Stärke entgegentreten.

Weil du weißt, wie viel Kraft in dir steckt und du so lange durchhalten kannst, bis du dich wieder halten kannst.

Man könnte meinen, ich würde mich immer freuen, wenn ich gelobt werde. Doch ganz ehrlich?

Manchmal kann ich es einfach nicht mehr hören, dass ich es gut mache. Ich bin es so leid, ständig zu funktionieren.

Ich weiß, dass ich alles irgendwie hinbekomme.

Immer und immer wieder.

Darum geht es mir aber nicht. Mir sehnt es danach, mich verlässlich fallen lassen zu dürfen – für einen ganz kurzen Moment sicher aufgefangen zu werden, ohne dass mir der Boden plötzlich noch weggezogen wird.

Sicher gehalten werden, bis ich wieder Halt finde, und statt einem „Halte durch, du schaffst das schon!" ein „Ich halte deine Hand, wir schaffen das zusammen!" hören.

Denn an mich zu glauben bedeutet auch, mir zu erlauben, dass ich es nicht immer allein schaffen muss, auch wenn ich es könnte.

„Du musst hier nicht funktionieren."

So sehr ich das hören müsste, so wenig kann ich es mir zu Herzen nehmen. Ich funktioniere sicher nicht immer und bei weitem nicht perfekt. Und doch ist es, als würde nichts zwischen „vollständig funktionieren" und „gar nicht mehr funktionieren" funktionieren. Weil ich nie genug geleistet haben kann, um es mir leisten zu können, an Ort und Stelle zusammenzubrechen. Und genau das würde doch passieren, würde das Funktionieren nicht mehr funktionieren müssen.

Sie kann nicht wissen, wie es mir wirklich geht, wenn ich

es ihr nicht sage. Das heißt nicht, dass ihr das egal ist.

Dass ich egal bin.

Sie kann nur einfach keine Gedanken lesen.

–

Sprich bitte aus, was dein Herz schreit.

Dann ist es auch nicht mehr ganz so laut in dir,

versprochen.

Hilfe.

Das mit dem Stress ist so eine Sache.

Ich liebe es, wenn ich an so vieles denken muss, dass ich alles andere vergessen kann. Wenn mein Tag so sehr gefüllt ist, dass keine Zeit mehr für mich bleibt. Denn wenn ich nicht stehen bleibe, kann mich auch nichts einholen. Wie ein Leben auf der Überholspur, bis mir das Gas ausgeht. Dann überfährt es mich.

Das ist, warum ich den Stress so sehr hasse.

Vollgas bis zum Aufprall.

Was, wenn du gar nicht zu wenig schaffst,
sondern gerade einfach nur verdammt viel los ist?

Wie wäre es,

wenn wir alle ein bisschen mehr aus Liebe handeln

und weniger aus Perfektion, Angst oder Wut?

Ich glaube, das könnte der Welt ganz guttun.

Ich bin ein sehr disziplinierter Mensch und man könnte meinen, ich bin einfach nur zielstrebig. Nur ging es mir lange nicht darum, ein Ziel zu erreichen, sondern um die Angst, was passiert, wenn ich etwas geschafft habe und beim nächsten Mal nicht noch besser bin.

Ich dachte, ich muss immer besser werden, mich immer wieder selbst übertrumpfen, um gut genug zu bleiben. Sichtbar zu bleiben. Mein Erfolg hat mir Angst gemacht, denn das war ich doch: meine Leistung. Und wenn man sie nicht mehr anerkannt hat, wie hätte ich dann noch wertvoll sein können?

Dabei ist *„die Persönlichkeit doch etwas, das immer da ist, während man Leistung nur temporär erbringt"*, oder?

Man ist doch nicht mehr von sich selbst, wenn man mehr leistet. Man muss auch nicht gut in etwas sein, um gut zu sein – und nichts erreichen, um als Mensch zu reichen, okay?

Ich glaube, viel zu viele Menschen würden ihr Leben ganz anders gestalten, würden sie erfahren, dass sie nur noch ein paar Wochen zu leben hätten.

Ist das nicht verrückt?

Es ist doch mit Sicherheit vergänglich, doch sie gehen durch den Tag, als könnte keiner davon ihr letzter sein.

Es scheint mir, als hätte diese Gesellschaft mehr Angst vor Lücken in ihrer Biografie als davor, etwas in ihrem Leben zu verpassen.

Ich könnte stolz darauf sein, dass in meinem Lebenslauf keine Spuren von dieser Krankheit zu erkennen sind. So lückenlos es auch scheinen mag, dass ich trotz der Klinikaufenthalte nie wiederholen musste, mein Abi mit 17 schreiben konnte und mich natürlich sofort an der Uni eingeschrieben habe, besteht die Lücke darin, dass ich keine Jugend hatte.

Denn wenn man den Blick von diesem Stück Papier abwendet und auf mein Leben schaut, bin ich nicht gerade stolz darauf, dass ich dafür meine Gesundheit viel zu oft aus den Augen verloren habe. Dass ich mir nie genug Zeit gegeben habe und so lange wie möglich nicht mit offenen Karten gespielt habe. Schule ging vor. Mein Studium geht vor. Leistung ist wichtiger – zu funktionieren hat oberste Priorität. Priorität vor meinem Leben? Ist das wirklich wichtiger? Ich glaube nicht. Denn was würde es mir bringen, meinen Lebenslauf so perfekt scheinen zu lassen, wenn ich zwischen den Zeilen kein Leben habe?

„Du darfst dir Zeit geben, um erwachsen zu werden.

Das Leben springt nicht von einem Punkt zum nächsten. Du darfst einen Weg gehen. Es gibt keine Liste mit Regeln, wie ein fertiger Erwachsener funktioniert. Eben weil Erwachsenwerden bedeutet, in sein eigenes Leben hineinzuwachsen – eine Individualität zu entwickeln und für sie einzustehen. "

Denn schlussendlich geht es doch nicht darum, im Erwachsenenleben anzukommen, sondern in sich selbst.

„Bis dahin wünsche ich dir, dass du dich ein wenig kümmern kannst um dich. Du darfst das! ;)"

Vielleicht bedeutet mir diese Nachricht so viel, weil sie etwas in mir bewegen konnte, was durch das Warten auf diese Sicherheit zum Stillstand gekommen war.

Manchmal bin ich fast erleichtert, wenn man mir weh tut, weil ich dann einen Grund habe, dass es mir noch immer nicht gut geht – und ich eben trotzdem etwas leisten kann. Weil Erfolg allein nicht ausreicht, wenn es nur ein Sprint und kein Hürdenlauf für mich war. Als dürfte ich nicht sagen, dass ich etwas auf die Beine gestellt habe, wenn mir keine Knüppel dazwischengeworfen wurden.

Aber hey, Starksein ist nicht das Fundament dafür, gut genug sein zu können, okay?

Du reichst völlig aus, wenn du das alles nicht mehr mit dir herumträgst.

Vielleicht geht es auch gar nicht mehr darum, die Schmerzen zu bekämpfen, sondern darum, sie zu verstehen. Denn so gut ich auch darin geworden bin, mit ihnen umzugehen, habe ich aufgehört, zu umgehen, was sie ausgelöst hat. Weil sie mir auf schmerzhafte Art und Weise zu spüren geben, was mir nicht guttut. Als würde mein Körper Grenzen ziehen, bevor ich es wage, über ihn zu kommunizieren.

Es ist ein Unterschied, ob mein Körper selbst reagiert oder ich mit meinem Körper.

Vielleicht will er mich nur vor mir schützen, indem er wehtut, bevor ich ihm wehtun kann.

Vielleicht schmerzt er auch so sehr, weil ich diesen Schmerz so lange an ihm ausgelassen habe – ihn zum Leidtragenden gemacht habe.

Ich frage mich, ob ich heile, wenn ich mich vor Schmerz nicht mehr bewegen kann. Ob das Wachstumsschmerzen sind. Weil das Heilen davon im Fühlen derer liegt. Vielleicht tut es irgendwann dann wirklich nicht mehr so dolle weh. Ich gebe die Hoffnung langsam auf, aber ich glaube noch daran.

Du versinkst nicht in Selbstmitleid,

wenn du empathisch dir gegenüber bist.

Das ist Selbstmitgefühl – und das darf da sein.

Aus Gefühlen heraus kann man ins Handeln kommen.

Und sei es, dass du dich erst einmal selbst in den Arm

nimmst.

Zu heilen erfordert übrigens nicht,

besser werden zu müssen.

Du musst nicht perfekt funktionieren,

wenn es dir gut geht.

Wirklich nicht.

Manchmal habe ich Angst, dass ich es nicht schaffe.

Nein, ehrlich gesagt nicht nur "manchmal". Ich habe eine scheiß Angst davor, einer von diesen hoffnungslosen Fällen zu werden. Eben weil es so scheint, als wäre eigentlich alles gut. Und so schön das auch ist, es wird dadurch noch so viel unbegreiflicher, weshalb ich nicht loslassen kann. Warum ich so sehr wollen will und es doch noch nicht kann. Will ich es nicht genug oder muss ich mir einfach noch mehr Zeit geben? Aber was, wenn ich schon zu viel davon verbraucht habe? Es macht so verdammt Angst, sich selbst dabei zuzusehen, immer weiter abzurutschen. Zu wissen, dass wenn man sich nicht bald halten kann, man noch einmal durch diese Hölle durchgehen muss. Man weiß doch nie, ob man es dieses Mal wieder rausschafft. Und wenn mir selbst meine Gesundheit aus den Händen gleitet, wer soll sie dann noch auffangen? Wer kann mich dann noch aufhalten?

Ich habe so eine verdammte Angst, mich endgültig darin zu verlieren. Dass das niemals aufhören wird, weil ich mir nur einbilde, dass überhaupt jemals etwas angefangen hat. Vielleicht liegt darin das Problem.

Wie soll ich von etwas heilen, wenn ich mir nicht erlauben kann, verletzt worden zu sein?

Ihr könnt euch darauf verlassen, dass ich ehrlich zu euch bin. Nur kann ich mich selbst gerade nicht drauf verlassen, dass ich es noch richtig einschätzen kann.

Ich bin irgendwo zwischen Schönreden, weil ich Angst habe, zu übertreiben und Schlechtreden, weil ich Angst habe, es runterzuspielen und mich darin zu verlieren.

Ich glaube, das Anstrengendste an dieser Krankheit ist, dass du nichts weglassen kannst. Du bist jeden Tag mit Essen konfrontiert. Man kann keinen kalten Entzug vom Hunger machen. Du musst dich damit tagtäglich auseinandersetzen, ohne ihm wieder zu verfallen. Dich fangen, bevor sich das Fallen wieder für einen kurzen Moment so beflügelnd anfühlt. Und das ist manchmal verdammt kraftaufwändig.

Also Chapeau, dass du es versuchst.

Ich sehe, dass du es versuchst.

Immer und immer wieder, jeden Tag aufs Neue.

Und ich bin so stolz auf dich,

denn wenn du es doch so sehr versuchst,

hast du immer alles gegeben und hey,

vielleicht klappt es ja sogar.

Wisst ihr, was den Unterschied für mich gemacht hat? Warum ich wieder weinen und lachen, wütend und glücklich sein kann?

Nicht, weil ich durch erzwungenes Verhalten angefangen hätte, mich anders zu fühlen. Ich habe endlich aufgehört, mich für meine Gefühle zu verurteilen – sie als falsch anzusehen, weil sie nicht jeder verstehen kann.

Manchmal kann ich das doch selbst nicht einmal richtig.

Vielleicht, weil Gefühle keine Gedanken sind.

Gibt es also einen Grund, auch wenn ich ihn nicht immer erklären kann? Denn auf was soll das Gefühl sonst auch fußen?

Du darfst übrigens auch stolz darauf sein, dass du dich wieder vom Beckenrand aus ins Wasser traust, auch wenn du schon so oft ohne Angst vom Fünfer gesprungen bist. Wollte das nur mal erwähnt haben, falls du gerade an dir zweifelst.

Ich weiß nicht, wie mein gesunder Körper aussieht – ich habe mich an ein Aussehen gewöhnt, das niemals zum Vorschein gekommen wäre, wäre ich nie krank geworden.

Dieses ständige Hin und Her zwischen einem Körper, der überleben möchte, einem Geist, der verschwinden möchte und einer Seele, die einfach nur leben möchte – es war ein einziges Auf und Ab ohne sicheres Sein.

Wie kann ich darauf vertrauen, dass die Zahl auf der Waage nicht ewig weiter steigt, wo ich doch seit Ewigkeiten darauf bedacht bin, dass sie sinkt?

Wann darf ich in mir ankommen – mir genug sein?

Und werde ich irgendwann einsehen, dass ich mich vielleicht doch noch ansehen kann – noch ansehbar bin – wenn man mehr an mir sieht?

Fragen, die mir meine nie verlorene Hoffnung immer und immer wieder mit einem „Ja, wirst du!" zu beantworten versucht.

Wie schön es wäre, wenn mich endlich einmal ein Arzt wirklich ernst nehmen würde. Es zieht sich durch, dieses Gefühl, ich würde mir alles nur einbilden. Wie sollte ich es sonst erklären, dass noch nie etwas Greifbares gefunden wurde? Vielleicht, weil es noch niemand wirklich in Angriff genommen hat – nehmen wollte?

Sagt mir, wann bin ich endlich alt genug für solche Schmerzen? Wie oft muss ich meine Matratze noch umdrehen, um richtig untersucht zu werden? Und welchen Sport muss ich machen, um nicht mehr selbst schuld an meinen Wehwehchen zu sein?

Darf ich dann aufhören, mich darüber freuen zu müssen, dass ihr nichts findet?

Worte, die Spuren hinterlassen haben. In mir und auf mir. Als müsste ich an ihm sichtbar machen, wie sehr mein Körper wehtut. Ich bin es so leid, mich lächerlich zu machen. Was würde ich für eine Diagnose geben? Denn wie auch immer sie lauten würde, sie würde mir das Gefühl geben, dass man mich sieht. Mich ernst nimmt. Dass das, was ich fühle, nicht übertrieben ist. Ich will doch einfach nur nicht mehr lächerlich sein.

Mir ist das Lachen vergangen.

„Hilfe."

Ein Wort, das ich nicht über die Lippen bekomme,

wenngleich alles in mir danach schreit.

Als dürfte ich es nicht sagen, weil doch nichts passiert

ist, was es auszusprechen bedarf.

Schweigen ist Gold.

Und ich zahle den Preis.

Mama schreit mich an, weil sie Angst hat, mich an sie zu verlieren. Nicht, weil ich bei ihnen leben möchte.

Sie hat Angst, dass ich mir nicht helfen lasse und das ganze hier nicht mehr lange überlebe.

Aber es war doch wirklich alles nicht so schlimm, oder?

Ich weiß, du hast Angst.

Angst, dass die Hölle über dich hereinbricht und es nicht besser wird, wie sie es dir alle versprechen.

Ich verstehe dich, und doch möchte ich dir ans Herz legen, dass du heute vielleicht schon ohne diese Krankheit leben kannst. Dass du heute all das allein überleben kannst, wofür du sie damals gebraucht hast.

Und ich wünsche dir von Herzen, dass du dich bald sicher genug fühlen kannst, um Leben in dein Leben zu lassen.

Mir scheint es nämlich so, als würde nur zu überleben immer eine gewisse Art des Kämpfens mit dem eigenen Sein implizieren. Denn während sich kämpfen immer „gegen etwas, das ist" richtet, bedeutet zu leben doch zu sein, nicht wahr?

Deswegen frage ich mich: Wann hörst du auf, so sehr gegen dich selbst anzukämpfen, wenn du doch auch für dich da sein könntest?

Du darfst Frieden damit schließen, am Leben zu sein, okay?

Glaub mir,

es ist verdammt wertvoll zu erkennen,

dass dein Wert keine Gruppenentscheidung ist –

und es auch noch nie gewesen ist.

Ich war nicht nichts. Ich war das alles. Doch ich möchte nichts davon mehr sein. Ich bin immer noch ich, aber nicht mehr diese Version von mir.

Und ja, ich weiß noch nicht, was ich dann bin, wenn ich das loslasse, und wie ich werde, wenn ich mich sein lasse. Ich weiß nur, dass ich immer jemand sein werde, auch wenn ich nicht immer sicher bin, wer ich wirklich bin.

Vielleicht weiß ich das noch nicht, aber vielleicht darf sich das auch einfach noch zeigen.

„Du darfst Angst haben.

Niemand geht ohne Angst durch dieses Leben."

Weil es vielleicht auch gar nicht immer darum geht, die Angst loslassen zu müssen, sondern sie an die Hand zu nehmen und mit ihr gemeinsam da durchzugehen.

Vielleicht stehe ich auch mit mir selbst in Konkurrenz, weil es mir damals offensichtlich nicht gut ging.

Als wäre alles, was besser aussieht, seitdem lächerlich.

Ich bräuchte schon lange wieder Hilfe, aber ich habe doch schon so viel mehr ausgehalten.

Wer wäre ich, würde ich mir das eingestehen, wo es doch schon so viel schlechter um mich stand?

Wohl nur eine Lachnummer.

Ehrlich gesagt schien es mir früher so, als wäre man nur nachsichtig mit mir, wenn ich unsichtbar bin. So konnte ich nicht übersehen werden und doch nie selbst als falsch angesehen werden. Es hat lange gedauert, die Gründe dafür zu erkennen – und doch habe ich manchmal Angst, mir ein falsches Bild vor Augen geführt zu haben. Dass ich mir all diese Problemchen nur einbilde – dass, wenn ich einmal normal esse, mir einmal erlaube, satt zu sein, ich all die Jahre alles nur gefaket habe. Vielleicht können sie es nicht einsehen, wie schlimm es für mich war, weil es wirklich nichts zu sehen gibt. Kommt daher die Angst, dass ich noch lächerlicher bin, wenn man mir nicht mehr ansieht, was es mit mir gemacht hat? Dass ich mich immer nur zum Affen gemacht habe? Woher ich diese Worte wohl habe. Was, wenn ich zu einer einzigen Lachnummer werde, die die ganze Zeit über doch eigentlich zurecht belächelt wurde? Vielleicht bin ich kein hoffnungsloser Fall, weil nie etwas vorgefallen ist. Denn was, wenn ich so viel darüber nachgedacht habe, dass ich mir etwas dazu denke? Mir doch nur den Kopf darüber und gar nicht selbst daran zerbreche? Schlussendlich mehr daraus mache, als es ist – jemals war?

Und eigentlich ist das meine größte Angst.

Ehrlich? Manchmal macht mir die Angst zu schaffen, es tatsächlich zu schaffen. Oder vielmehr, es mir dann selbst wieder kaputtzumachen. Dass ich, wenn ich mir das Leben erlaube, ihm nicht gewachsen bin.

Ich frage mich, wie es sein kann, dass man vor etwas Angst hat, was man sich am allermeisten wünscht.

Vielleicht, weil ich die Vorstellung davon besser greifen kann als das Vertrauen in mich selbst, mir diesen Wunsch erfüllen zu können. Weil Träume sicherer wirken, als es die Wirklichkeit zu sein scheint. Als könnten sie nicht an der Realität zerplatzen, wenn man ihnen keinen Platz darin lässt.

Doch vielleicht steckt mehr Wahrheit darin, als man wahrhaben möchte, dass man seine Träume leben muss, um sein Leben nicht zu verschlafen.

Weißt du, eine Sache, die ich gerne früher gewusst hätte, ist, dass nichts falsch daran ist, wenn ich mich manchmal so verdammt einsam in meinem Heilungsprozess fühle. Es ist, als würde ich gerade nirgends ankommen können, weil ich noch auf dem Weg bin, mich selbst zu finden.

Ich würde lügen, würde ich sagen, mir ginge es nicht nahe, dass ich mich so oft so distanziert von meinen Liebsten fühle. Dass ich mich immer auf zuhause freue und dort dann doch lieber allein bin, weil ich mich so einsam fühle im Zusammensein. Als würden wir in anderen Welten leben. Vielleicht, weil mich ganz andere Themen beschäftigen. Wie sollen sie auch begreifen, was ich selbst nicht einmal wirklich in Worte fassen kann?

Es geht mir so verdammt viel durch den Kopf und vor allem durchs Herz, das mich so verletzlich fühlen lässt. Ich will mich nicht verbiegen und ihnen gleichzeitig nicht zu viel sein. Ein vermeintlich falsches Wort von ihnen und all die Teile, die ich so mühsam zusammengesetzt habe, scheinen zu zerbrechen in noch viel kleinere Bruchstücke. Vielleicht schützt mich meine Maske davor, mich wieder vor mir selbst zu verstellen und vielleicht darf ich noch genügend Sicherheit in mir finden, um mich wirklich mitzuteilen.

Du bist nicht allein. Da draußen sind 8 Milliarden Menschen. Ein paar davon sind sogar ganz okay – ich spreche da aus Erfahrung. Und selbst wenn gerade niemand so recht zu dir zu passen scheint, bist du doch immer noch bei dir. Wenn du bei dir bist, kannst du nie ganz allein sein, okay?

Es reicht, dass ich mir selbst genug bin.

Denn nur, wenn ich ganz bei mir bleibe, kann ich

Menschen begegnen, denen ich nicht zu viel bin.

Ehrlich? Ich habe eine verdammte Angst davor, dass ich es nicht mehr schaffe, gesund zu werden. Es war ein langer Weg, aber ich glaube, angekommen zu sein – im Leben und in mir. Alles scheint gut zu sein.

Vielleicht kommt daher die Angst.

Es gibt kein Problem im Hier und Jetzt.

Was, wenn es dann auch keine Lösung mehr gibt?

Vielleicht brauche ich aber auch einfach nur noch ein bisschen mehr Zeit, um das, was war, in mir zu lösen.

Zeit. So ein kostbares Gut.

Ich habe Angst, sie langsam verspielt zu haben. Dass ich aus diesem Spiel nicht mehr aussteigen kann, weil ich alles, was es noch gab, gegeben habe, um es zu gewinnen.

Was, wenn ich mich darin verloren habe, wenngleich ich wieder bei mir bin?

Ich will nicht so werden. Ich will niemand sein, dem man diese Krankheit in 500 Meter Entfernung ansieht. Denen der Kampf mit dem Leben ins Gesicht geschrieben steht und es nur noch eine Frage der Zeit ist, bis es endet. Ich kann sie nicht anschauen, ich kann ihnen nicht in die Augen blicken. Sie sind wie ein schwarzes Loch, dessen Anziehungskraft mich sofort jeglicher Energie beraubt. Und ich habe so eine verdammte Angst, mich darin zu verlieren, wenn ich nicht bald den Mut finde, mir das Leben zu erlauben. Denn manchmal scheint es mir leichter, zu akzeptieren, dass ich mich dafür noch nicht sicher genug fühle. Das liegt in meiner Verantwortung. Ich kann mich zwar dagegen entscheiden, dass es jemals wieder so gefährlich wird und gerade doch noch nicht versprechen, ob ich mich noch für das Gesundwerden entscheide.

Weil mich jeder Versuch zu einer viel größeren Gefahr für mich selbst gemacht hat. Ich möchte leben, von ganzem Herzen. Aber wie das für mich aussieht, kann ich selbst entscheiden. So viel Angst mir das auch macht, es fühlt sich ruhiger an, wenn ich nichts mehr muss, was ich nicht gänzlich möchte. Und doch wünsche ich mir nichts sehnlicher, als dass ich mich noch umentscheiden werde.

Ehrlich gesagt habe ich manchmal Angst, dass ich mein Leben schon zu sehr an diese Erkrankung angepasst habe. Sie ist jetzt schon so lange ein Teil von mir, dass sie mir wie eine vertraute Konstante vorkommt. Als würde sie mich in diesem betäubenden Gefühl des Nichtfühlenmüssens in Sicherheit halten.

Und ich glaube, es ist ein ziemlich gefährlicher Punkt, wenn man sich an diese Leere gewöhnt hat. Weil es sich nicht so anfühlt, als würde sie dich einnehmen.

Nur ehrlich? Mir geht's ab, das Leben.

Ich bin es leid, nur zu überleben und ich weiß nun, dass dieses Leid aufhören darf. Gewohnheiten dürfen gebrochen werden, bevor man daran zerbricht.

Denn was, wenn ich diese Unsicherheit doch aushalten kann, mich eine Zeit lang zu viel zu fühlen, wenn ich beginne, mein Leben auszufüllen?

Vielleicht kann ich mich doch noch daran gewöhnen.

Vielleicht ist es doch noch nicht zu spät.

„Du hältst viel mehr aus, als du glaubst. Du bist nicht die gleiche Person wie letztes Jahr. Vielleicht kannst du es heute aushalten."

Es muss doch gar nicht immer funktionieren – in 100% der Fälle. Ich muss es mir nicht 24/7 vorstellen können. Reicht es nicht erst einmal, dass ich es in den Momenten versuche zu schaffen, in denen es mich am Leben hindern würde?

Es ist April. Und wenn ich mir einen Herzenswunsch erfüllen möchte, dann ist es, endlich wieder einen schönen Sommer erleben zu dürfen. Auch wenn nicht alles davon in meiner Hand liegt, kann ich es doch in Angriff nehmen, mir dieses Versprechen zu erfüllen.

Ich möchte Fahrradfahren, im See schwimmen, picknicken mit Freunden, auf Konzerte gehen, Eis essen, wandern, lange wach bleiben.

Leben – so unbeschwert es nur geht.

Ich will diese Leichtigkeit wieder zulassen, die ich mir noch so schwer erlauben kann.

Denn ich möchte es nie wieder erleben müssen, dass lang erträumte Momente zu Alpträumen werden. Nie wieder will ich mir wünschen müssen, dass all diese Tage endlich enden sollen, damit diese quälende Leere ein Ende findet. Ich darf ein erfülltes Leben führen.

Ich habe meinem Zukunfts-Ich dieses Leben versprochen und ich werde alles dafür geben, mein Versprechen zu halten.

Ich habe es so satt ums Überleben zu kämpfen.

Ich bin so verdammt lebenshungrig.

Wie viel würde ich geben für fünf Minuten Stille im Kopf? Fünf Minuten ohne diese verdammte Krankheit.

Ich halte diesen Hunger nicht mehr aus und hasse ihn dafür, dass er mich noch immer sicherer in dieser Welt fühlen lässt. Ehrlich gesagt habe ich deswegen eine scheiß Angst, niemals wieder in Ruhe essen zu können. Weil es eben nicht nur das Essen betrifft. Je lauter dieser Teil in mir ist, desto mehr verstummt mein Leben. Seit Jahren versuche ich, in mich hineinzuhören, um zu verstehen, warum es so laut ist. Manchmal kommt es mir vor, als hätte ich zu viel verstanden und zerdenke alles in so kleine Teile, dass ich meine gesamte Kraft brauche, um mich zusammenzuhalten.

Langjährige Krankheiten sind so verdammt kräftezehrend. Vielleicht darf ich auch mal müde davon sein.

Ich darf erschöpft sein, aber mein Lebenswille wird nie mehr so ausgeschöpft sein, dass ich mich aufgebe, bevor ich diese Freiheit nicht wieder spüren kann.

„Auch, wenn du dich langsam regulieren kannst,
darfst du es unfair finden, dass du das musst.“

Heißt das, man darf sich manchmal selbst ein bisschen leidtun, ohne ein wehleidiger Mensch zu sein?

Die größte Lüge, die mir erzählt wurde, war, dass ich lernen muss, damit zu leben. Ich lasse mir von niemandem mehr einreden, dass ich niemals ganz gesund werden kann. Denn wisst ihr, ich will nicht vergessen, wie weit ich es schon geschafft habe – auch wenn es mich gerade wieder schafft. Blicke ich zurück, sehe ich ein so verdammt trauriges Mädchen, das kein Licht am Ende des Tunnels sehen konnte. Wenn sie nur wüsste, wie sehr ihre Augen heute wieder leuchten können. Vielleicht hatten sie recht damit, dass ich diese Krankheit nicht besiegen kann – weil es nie darum ging, sie zu bekämpfen, sondern Frieden in mir zu finden.

Es war, als wäre ich damals gezwungen worden, eine Blume anders zu gießen. Sie war kein hoffnungsloser Fall, auch wenn sie immer wieder eingegangen ist. Niemand hat verstanden, dass ihr Boden vergiftet war. Vielleicht konnte ich in all den Jahren mein Umfeld nicht entgiften, aber ich konnte diese Blume umpflanzen – ihr damit die Möglichkeit geben, neue Wurzeln zu schlagen. Gesund werden heißt für mich, in mir zu heilen, was diese Krankheit notwendig gemacht hat. Damit ich nicht mehr auf ihren Halt zurückgreife, wenn das Leben einen wunden Punkt trifft und mich ins Schwanken bringt.

Dich dem Leid anderer anzupassen,

nimmt es ihnen nicht ab.

Ist es eigentlich in jeder Familie so, dass man sich im Leid übertrumpfen möchte? Dass man so penetrant nach Bestätigung sucht, wie viel man aushält? Als wäre zu leiden die einzige anerkannte Leistung, wenn es für einen Pokal nicht gereicht hat.

Bis heute frage ich mich, was so falsch daran sein soll, das Leben leichtzunehmen. Muss denn immer alles schwer sein? Ich war doch so ein lebensfrohes Menschlein, bevor ich versuchte, die fehlende Zuwendung im Mitleid zu finden. Als wäre man nur gut genug, wenn man schwer tragen kann. Ich dachte immer, ich sei falsch – dabei war ich einfach zu glücklich für ihre Weltuntergangsstimmung. Zu anders, zu wenig am Leiden, zu leidenschaftlich am Leben.

Aber ganz ehrlich? Ich rede mir die Welt lieber schön, als sie mir kaputtzudenken, und freue mich lieber zu früh als nie. Ich bin nicht leichtsinnig, weil ich Leichtigkeit in mein Leben lasse, und ich bin nicht lächerlich, weil ich von Herzen lachen kann. Und das lasse ich mir von niemandem mehr nehmen.

Ich möchte mein Strahlen nie wieder verlieren, nur weil es andere blendet.

Ich bin es so leid, noch immer gegen ihre Worte anzukämpfen. Denn auch wenn ich schon so lange nicht mehr wirklich mit ihnen spreche, höre ich sie jeden verdammten Tag. Sie gehen mir durch den Kopf, als hätten sie Schleichwege direkt zum Herzen gefunden. Nun ist es wohl an mir, ihnen den Weg zu versperren – und meinen eigenen Gedanken Autobahnen zu bauen.

Alle ihre Worte dürfen ihre Macht verlieren.

Ich bin ihnen nicht mehr hörig.

Dieses Wort habe ich mir gegeben.

Ich weiß oft nicht, was ich darauf antworten soll, wenn ich gefragt werde, wie es mir geht. Denn eigentlich ist alles gut. Ich bin glücklich und dankbar für mein Leben. Aber mir geht es nicht gut. Wirklich nicht. Nur ist es doch immer wieder dieselbe Geschichte. Themen, mit denen ich niemanden langweilen möchte. Ich bin doch selbst schon müde davon. Sie halten nachts mich wach. Manchmal würde ich auf diese Frage gerne antworten, wie oft ich denn noch schlafen muss, bis es nicht mehr so wehtut. Wann ich endlich einmal ohne Schmerzen und ob ich jemals ohne diese Krankheit aufwachen darf. Es scheint mir wie jammern auf hohem Niveau, wo ich doch froh sein sollte, in einem warmen Bett aufwachen zu dürfen. Wie schlimm kann es dann schon sein?

Ich habe nur so verdammt Angst, dass ich damit leben lernen muss, dass er doch für immer bleibt.

Dass es niemals wieder wirklich gut wird, ich nur besser darin werden kann, es auszuhalten.

Mir geht es mit dem Leben gut, aber nicht in mir selbst.

Vielleicht ist das die Antwort.

Manchmal überfordert es mich, für alle da zu sein – jedem zur Seite zu stehen, egal, durch was er gerade geht. Versteht mich nicht falsch, ich mache das gerne, und ich denke, ich kann das auch ganz gut. Doch manchmal ist diese Last einfach zu schwer.

Ich schaffe es gerade nicht einmal, Verantwortung für mein eigenes Leben zu tragen – wie soll ich da auch noch eures auffangen können?

Mein Herz ist immer offen, das verspreche ich, aber es erträgt nicht alles.

Vor allem darf man nicht verlangen, dass es immer genug geben muss, damit sich niemand das Leben nimmt.

So sehr ihr mir am Herzen liegt, diese Entscheidung liegt in euren Händen.

Es fühlt sich oft so an, als würde sich nichts verändern. Und ja, vielleicht unterscheidet sich gestern auch gar nicht so sehr von heute. Aber hey, schau mal ein bisschen weiter zurück. Siehst du nicht, wie anders es damals noch war und wie viel du seitdem schon geschafft hast?

Da liegt ein Weg hinter dir. Das darfst du sehen!

Immer dieses zweierlei Maß. Was ich mir in ihren Augen anmaße, sehen sie für sich als völlig angemessen an.

Das Maß ist voll, endgültig. Genug ist genug.

Und weil ich genug bin – schon immer war – darf ich aufhören, meinen Wert daran zu messen, wie viel Wert sie auf ihn legen.

Es geht nicht immer nur um dich – wie es für dich ist, wenn du mich nicht siehst. Es geht manchmal auch darum, dass ich dich nicht sehen kann, weil es mir nicht gut geht. Meine Welt dreht sich nicht nur darum, deiner zu entsprechen. Und nicht alles, was in meinem Leben passiert, möchte ich mit dir teilen – weil du es mir nimmst, wenn du es hören kannst und dann so oft nur darüber lachst. Dass du dich für unbestimmte Zeit nicht mehr bei mir meldest, wenn ich nicht mit dir darüber rede, sagt doch alles, nicht wahr?

Er könne nur für mich da sein, wenn ich mit ihm über

alles rede, sagte er – wohlwissend,

dass er mir das Schweigen gelehrt hatte.

Du sagst nichts.

Aber deine Augen sprechen mehr als tausend Worte.

Und jedes einzelne darin macht mir Angst.

Ich will nicht so werden wie er.

Dieser Teil in mir macht mir Angst. Was, wenn ich genauso bin, wenn ich mehr von mir zulasse? Was, wenn er unter mir genauso gelitten hat wie ich unter ihm – oder meine Liebsten es werden, wenn ich wieder ich bin?

Ich habe Angst, ihn im Spiegel zu sehen.

Angst, dass ich immer Schuld an all dem war und in all der Zeit nur die Augen davor verschlossen habe.

Manchmal scheint es falsch, glücklich zu sein, weil es sich so neu und unsicher anfühlt. Zu leicht, als müsste ich mich dafür schämen. Denn ich kenne es schwerer, habe so viel mit dieser Last geschafft. Es fühlt sich an, als müsste ich noch viel mehr leisten, wenn ich sie abgeworfen habe. Dann reichen Schritte nicht mehr aus, es müssen Sprünge sein. Vielleicht werfe ich mir deshalb manchmal selbst Steine in den Weg. Denn wenn ich ehrlich bin, möchte ich manchmal gar nicht gesund werden. Dieser Prozess dauert schon so lange, und ich weiß langsam nicht mehr weiter. Was passiert, wenn Essen kein Problem mehr ist? Wie viel muss ich dann leisten, damit man stolz auf mich ist? Was, wenn ich dann nicht mehr funktioniere? Was, wenn ich dann eine Pause brauche? Wenn ich mich einfach nur mal hinsetzen – Leben tanken – möchte?

Was, wenn ich dann versage? Dann habe ich keine Entschuldigung mehr, keine Erklärung, keine Rechtfertigung, keine „Ersatzleistung". Wenn sie mich lachen sehen, ist es, als hätte es nie einen Grund gegeben, dass ich weniger geleistet habe. Dann wäre ich einfach nur faul gewesen – nicht fähig genug. Dann hätte ich versagt, ganz allein, ohne „weil", ohne „aber". Nur ich. Als wäre ich dann eine einzige Enttäuschung.

Man kann schnell versagen, wenn es viel zu erreichen gibt.

Nur kann man sich doch auch schnell verrennen,

wenn man zu wenig zu sich steht, oder?

Immer diese indirekten Verpflichtungen. Ich werde nicht gefragt, ob ich Zeit habe, sondern wann ich sie ihnen schenke. Als stünde sie ihnen ganz selbstverständlich zur Verfügung. Schon einmal daran gedacht, dass ich sie selbst brauchen könnte?

Ich muss eure Zeit nicht mit meiner füllen.

Ich muss verdammt nochmal einfach gar nichts.

Ein sehr wortgewandter Mensch meinte einmal zu mir: „Wenn du „Nein." sagst und sie es nicht verstehen wollen, kannst du immer noch „Nein!" schreien."

Ich glaube, wir dürften alle mal ein bisschen lauter für uns einstehen. Denn ein klares „Nein!" zum anderen kann auch ein „Ja!" zu dir sein.

Und wenn sie nach deinem Punkt ein „Komma, weil" erwarten, darfst du ein Ausrufezeichen daraus machen. Du musst dich nicht erklären.

Ich fühle mich oft wie das letzte Arschloch. Als wäre ich der undankbarste Mensch auf Erden.

Vielleicht darf ich noch lernen, dass es nicht egoistisch ist, auf sich zu achten – nach innen zu schauen, und nicht nur darauf, dass von außen alles perfekt aussieht.

Mir selbst wichtig zu sein heißt doch nicht, dass mir alle anderen egal sind. Im Gegenteil, ich kann nur ganz für sie da sein, wenn ich eigene Grenzen habe.

Nein, ich habe nie aufgehört, ein guter Mensch zu sein. Ich lasse mich nur nicht mehr länger schlecht behandeln.

Man darf Grenzen ziehen. Auch mit Edding.

Denn wie sagt man so schön? „Unterm Strich zähle ich."

Vergiss bitte nicht, dass du nicht ausbrennen musst,
um andere Menschen warmzuhalten.

Ich bin okay damit, dass mich nicht jeder versteht.

Genügt es denn nicht, wenn ich es kann?

Denn wenn ich selbst für mich einstehe, muss niemand

anderes hinter mir stehen.

Schluss mit dem Kampf.

Es ist mein Leben und ich brauche kein „Okay" dafür, wie ich es lebe. Es muss mich niemand verstehen und ich darf fühlen, wie ich mich fühle.

Dann bin ich eben ein bisschen Arschloch in anderen Geschichten. Zumindest ist meine damit nicht vorbei.

Ich darf Frieden mit mir schließen.

Ich bin wütend.

Wütend auf mich, weil mir etwas schwerfällt, was ich zum Leben brauche. Es ist doch das normalste der Welt.

Aber ich bekomme es einfach nicht hin.

Nicht einmal das.

Es kann doch verdammt nochmal nicht so schwer sein, ganz normal zu essen.

„Doch, das kann es. Es darf dir schwerfallen. Das darf sein. Und das ist nicht deine Schuld."

Wie sprengt man Grenzen, die nur in meinem Kopf zu existieren scheinen? Niemand verbietet mir zu essen. Aber es fühlt sich so an, als dürfte ich es nicht.

Wie spricht man sich bewusst etwas zu, das man sich unterbewusst untersagt? Warum halte ich immer noch fest, obwohl ich weiß, wie sehr es mir schadet? Es scheint mir wie ein Anker zu sein, der mich sicher hält, wenn das Leben zu stürmisch wird.

Doch manchmal frage ich mich, wie ich glauben konnte, dass Festhalten mich irgendwohin führen könnte.

Was ich damit sagen möchte?

„Du bist viel weniger begrenzt, als du denkst."

In meinen Worten: Nichts tut mehr weh, als sich selbst die Möglichkeit zu nehmen, dass es gut gehen könnte.

Mag heißen: Du darfst essen.

Und irgendwann wird der Tag kommen, an dem es sich nicht mehr so falsch anfühlen wird, dir das Leben zu erlauben. Versprochen.

Es ist so wunderschön zu merken, dass ich mich Schritt für Schritt wirklich mit Menschen verbunden fühlen kann. Als wäre ich weniger distanziert, seitdem ich mehr bei mir bin. Vielleicht kann ich bald noch ganz darauf vertrauen, dass dieses Band auch hält, wenn etwas zwischen uns steht – und ich mich am Leben halten kann, sollte es doch reißen.

Du musst es dir nicht verdienen, glücklich zu sein.

„Wir sind nicht auf der Welt, um zu leiden.

Du darfst ein Leben ohne Leid führen.“

Und wenn es sich so anfühlt, als würdest du dich gehen lassen, was wäre denn so schlimm daran?

Weshalb solltest du an einem Punkt stehen bleiben müssen? Ist das nicht, als würdest du nur warten, bis dich der Tod einholt? Das Leben ist doch so vergänglich, lass es nicht an dir vorbeiziehen.

Es gab eine Zeit, da konnte ich nur von Tag zu Tag leben. Ich habe seinem Ende so sehr entgegengeblickt, dass ich nicht mehr nach links und rechts schauen konnte.

Die Angst vor der Zukunft war zu groß und ich konnte nicht sagen, wie lange ich noch hier sein werde.

Wie lange ich noch in den Schlaf flüchten kann, wo ich doch so müde vom Leben war.

Ich habe die meisten Treffen zugesagt mit diesem nie ausgesprochenen „Vielleicht."

„Vielleicht komme ich – wenn ich es noch so lange schaffe." Und hey, ich habe es geschafft.

Ihr glaubt gar nicht, wie unfassbar viel es mir bedeutet, dass aus diesem „Vielleicht…" ein „Mit Sicherheit." wurde. Dass aus dem „Bis morgen noch." ein „Danke, dass ich heute wieder aufwachen durfte." wurde. Ich bin so verdammt dankbar, dem Leben wieder vertrauen zu können, auch wenn die Zukunft mir noch alles andere als geheuer ist.

Ich weiß, dass ich meinen Weg gehen und ihn nicht beenden werde. Ich bin zu gespannt, was noch kommt. Denn ist es nicht auch irgendwie aufregend, dass man nie genau weiß, was kommt? Es wäre doch langweilig, würde man schon wissen, wie das alles ausgeht.

Würdest du ein Buch so intensiv lesen, würdest du das Ende kennen?

Vielleicht ist es mit dem Leben ähnlich.

Du weißt nicht, was im nächsten Kapitel auf dich wartet – was du selbst auch darin schreiben wirst.

Aber du darfst dir sicher sein, dass du so oft eine neue Seite beginnen kannst, bis sie zu Ende erzählt ist – deine Geschichte.

„Aus Angst kann Mut werden."

Aber Mut ist nicht unbedingt das Gegenteil von Angst.

Es ist Vertrauen.

Vertrauen in sich selbst, dass du dich in der Bahn halten

kannst und Vertrauen in das Leben, dass es dich nicht

entgleisen lassen wird.

Mut brauchst du nur, um einzusteigen.

Man würde sie mir nie ansehen.

Die Wut auf diese Welt, die ich gegen mich selbst richte.

Ein leerer Magen reicht dann nicht immer aus. Es gibt Momente, in denen ich am liebsten nie wieder etwas essen würde und ich mich zutiefst vor mir selbst ekele, dass ich es jemals habe.

Als würde die Schuld für mein Sein auf meinem Körper geschrieben stehen.

Es sind die Phasen, in denen so viel Druck in mir herrscht, dass es nicht aggressiv genug wäre, mich nur zu Tode zu hungern. Wie lange ich auch nichts esse, es dauert zu lange. Es geht zu langsam, um diese Wucht schnell genug aufzufangen.

Vielleicht falle ich deswegen immer wieder in dieses Loch. Ein Loch voller Scham, die so raumeinnehmend ist, dass sie mich von innen heraus zu zerreißen scheint.

Wenn ich mich doch so sehr dafür schäme, mich am Leben zu halten, wie soll ich es aushalten können, am Leben zu sein?

Es holt mich immer wieder ein,

dieses Gefühl,

eine einzige Enttäuschung zu sein.

Ich hatte immer Angst, dass ich euch verliere, wenn ich nicht auf euch zugehe.

Es hat mich so weit von mir entfernt, dass ich mich selbst aus den Augen verloren habe.

Heute kann ich endlich sehen, dass ich es mir wert sein darf, einen Schritt zurückzugehen, um bei mir zu bleiben.

„Du darfst für dich sorgen, dich versorgen."

Es fühlt sich so an, als wären meine Bedürfnisse egoistisch, sobald ich sie mir selbst erlaube.

Als wären sie nur dann der Rede wert, wenn ich sie mir abspreche – weil es immer deren Zuspruch bedurfte, damit ich nicht zu viel war.

Vielleicht habe ich mich deswegen auch nie zu dick gefühlt, sondern zu viel.

Denn wenn es nicht darum geht, dünn zu sein, sondern darum, zu verschwinden, macht es verdammt viel Sinn, dass es nie wenig genug sein kann, bevor man nicht mehr da ist.

Hör bitte auf, zu verschwinden – im Erdboden versinken wollen. Du hast einen Platz auf dieser Erde verdient.

Es ist keine Schwäche, Bedürfnisse zu haben.

Du musst dich nicht dafür schämen, dass du lebst und dich am Leben hältst – Spaß hast, lieben kannst, Hunger hast, isst. Du darfst das.

Du darfst das Leben annehmen.

Du bist lebendig nicht zu viel.

„Du gibst der Welt so viel, du darfst Raum einnehmen.“

Es ist, als wäre ich aus diesem Alptraum aufgewacht, als ich anfing, die Augen aufzumachen.

Sie sind tatsächlich weniger geworden, all die brutalen Träume. Keine Entführungen, Einbrüche, Schießereien, Massenmorde oder sexuellen Missbräuche mehr, denen ich hilflos ausgeliefert bin. Zumindest fast keine.

Ich fühle mich nicht mehr so machtlos.

Ob das damit zusammenhängt, dass sich die Wucht meiner Gefühle nicht mehr im Schlaf entladen muss, weil ich sie mir tagsüber immer mehr erlauben kann?

Ich glaube, es tut mir langsam nicht mehr leid, dass ich euch zu viel fühle.

Und ich bin mir sicher, dass ich nicht zu einem schlechten Menschen werde, wenn ich mich nicht dafür entschuldige. Vielleicht, weil ich diese Schuld nie getragen habe.

Ich war nicht zu empfindlich, ich empfinde nur einfach viel. Und das ist ein Geschenk, kein Verschulden.

Du darfst gute Tage haben.

Egal, was war, was ist und was noch kommen wird.

Dir darf es gut gehen – und wenn es nur für einen Moment ist. Es ist okay, wenn du nicht immer so schwer zu tragen hast. Und glaube mir, du könntest so viel Kraft daraus ziehen, wenn du dir das erlaubst.

Gutes darf da sein, ohne „wenn" und „aber". Es stellt keine Gefahr dar, positive Gefühle vollständig und intensiv zu fühlen – auch wenn wieder schwierigere Momente kommen. Du fällst nicht zwangsläufig tiefer, wenn das höchste aller Gefühle „neutral" übersteigt. Denn vielleicht gibt dir genau das die Kraft, dich halten zu können, wenn das Leben versucht, dich wieder runterzuziehen.

Und selbst wenn du den Halt wieder verlieren solltest, dann hättest du doch zumindest noch den Gefühlsbeweis, dass es wieder immer wieder bergauf gehen kann.

Jeden Tag ein bisschen mehr zu fühlen ist so ein unbeschreibliches Gefühl. Es ist bei weitem nicht immer leicht und doch kommt damit irgendwie die Leichtigkeit zurück. Weil es nicht darum geht, immer glücklich zu sein, sondern in sich diesen Raum zu schaffen, in dem jedes Gefühl kommen und gehen darf.

Und irgendwann wird sie weniger werden, die Angst vor Höhenflügen und dem Absturz danach.

Das verspreche ich dir.

Es wird sich einpendeln, wenn alles sein darf – ausschlagen, aber dich nicht mehr umhauen.

Und ich wünsche dir von ganzem Herzen, dass aus diesem „irgendwann" bald ein „endlich" wird.

Und ja, ich fühle diese Hochs. Ich lasse sie langsam zu, erlaube sie mir. Ich darf glücklich sein. Mir darf es gut gehen, auch wenn es nur für einen Moment ist – mir steht das zu.

Du verdienst es, glücklich zu sein – einfach, weil es dich gibt."

Ich kann langsam auch darauf vertrauen, dass ich dadurch nicht tiefer fallen werde. Denn selbst wenn es wieder ganz schlimm wird, so schlimm kann es dann vielleicht doch nicht mehr werden, weil ich weiß, dass es immer wieder irgendwann besser geworden ist.

Ich kann fallen. Ich kann das aushalten.

Bis jetzt bin ich doch aus jedem noch so dunklem Loch wieder rausgekommen. Es ist immer so gewesen.

Und soll ich euch etwas sagen? Ich fange an, es zu lieben, so viel zu fühlen – es als Geschenk zu sehen.

Es stellt langsam keine Gefahr mehr für mich da, mich selbst zu spüren.

Ich bin jetzt 19.

Abgesehen davon, dass Gefühle nicht richtig oder falsch sein können, fände ich es langsam angebracht, dass man mir nicht mehr vorschreibt, wie ich zu fühlen habe. Dass man es mir abspricht, überhaupt negative Gefühle haben zu dürfen. Das hat mich doch auch all der positiven beraubt. Dabei habe ich nie falsch gefühlt, sie konnten nur nicht richtig damit umgehen.

Aber ich lasse mir nun nie wieder mein Lachen nehmen, für nichts und niemanden auf dieser Welt.

In mir ist so verdammt viel Lebensfreude unterdrückt worden und ich möchte sie endlich wieder frei lassen - mich sicher genug fühlen, wenn ich fühle.

Ich glaube, dieses Mal könnte es klappen.

Denn langsam fühlt es sich echt an. Als würde ich wirklich heilen, nicht nur damit umgehen lernen.

Ich glaube, dieses Mal muss ich da ein letztes Mal durch – zum ersten Mal für mich. Nicht, weil ich gezwungen werde, diese Schritte zu gehen. Damals war es, als müsste ich mir selbst immer einen Schritt voraus sein, damit mein Verlauf ins System passt. Dadurch bin ich immer nur vor mir selbst weggelaufen. Aller Anfang ist schwer, heißt es im Lehrbuch – und es wird leichter werden. Einfach nur nach Plan essen. Einfach nur bis zu genau diesem Gewicht zunehmen. Jeden Tag eine Expo und on top eine Spiegelkonfrontation. So wichtig all das wirklich sein kann, so wenig hat es mir persönlich geholfen.

Es wurde nie leichter – im Gegenteil.

Es wurde immer wieder so unerträglich, dass ich das Leben fast nicht mehr ertragen konnte.

Mir diesen Schritt voraus zu sein war mein gedanklicher Schritt aufs Gleis. Das ist die harte Wahrheit.

Ist es deswegen wirklich so verwerflich, dass ich nichts mehr überstürzen will?

Ich bin es leid, immer wieder hinzufallen, weil ich über meine eigenen Füße stolpere.

Deswegen stehe ich jetzt an meiner Seite. Denn so sehr ich mir auch wünschte, es gäbe dieses Wundermittel, hätte es damals Wunder bewirkt, hätte man mich verstanden.

Vielleicht brauche ich ein bisschen mehr Zeit, als es ein Behandlungsplan vorsieht. Dass ich kein Sprinter bin, haben die Klinikaufenthalte gezeigt – so oft ich mich auch mit den Hürden konfrontiert habe, so hat es mich doch jedes Mal wieder so dermaßen auf die Fresse gelegt, wenn ich nicht mehr springen musste. Kein Musterpatient mehr sein musste, um keine Probleme zu machen, mit denen man nicht umgehen konnte. Es ging nicht darum, nur einzelne Hindernisse zu überwinden, sondern die Technik des Springens zu verstehen. Ich werde zum Beispiel nie verstehen, wie mir Stoppuhren beim Essen helfen sollten, die Schuld zu leben abzulegen. So wichtig diese Regeln anfangs sein können, sie schießen so dermaßen übers Ziel hinaus, dass ich es selbst aus den Augen verloren habe.

Wenn man in mir mehr sieht als ein wandelndes Symptom, kann ich es vielleicht von mir trennen lernen. Nicht vielleicht. Sicher. Ich werde in mir ankommen, solange es auch dauert. *„Du darfst deinen Körper annehmen.“*

Du bist dort sicher – dieses Zuhause wird dir nicht genommen. Versprochen.

"Schritt für Schritt, okay?"

Es ist übrigens wirklich okay, nicht mit allem okay zu sein.

Ich glaube, dass es auch darum geht, dass ich es noch zulassen darf, dass es zwischen uns besser werden kann. Darum, dir zuzugestehen, dass du dich ändern kannst, ohne mir mein damaliges Empfinden abzuerkennen.

Ich würde nicht heute noch diese Panik bekommen, wäre sie niemals angebracht gewesen.

Aber es darf anders werden, oder?

Das bedeutet doch nicht, dass all das, was damals war, nicht mehr so gewesen sein darf. Vielleicht muss man das trennen lernen: Die Verletzungen von damals und die Art und Weise, wie wir heute miteinander umgehen können. Auch wenn es nichts wieder gut macht, darf es sich heute besser anfühlen. Es muss nicht immer wieder genauso weh tun, nur damit der Schmerz von damals nicht an Bedeutung verliert. Wunden dürfen heilen, aber Narben dürfen bleiben. Denn auch wenn ich vergeben kann, muss ich nichts vergessen.

Glaube mir, ich wünsche mir nichts mehr, als dass all das doch noch ein Happy End für uns nimmt, Papa.

Wie auch immer das für uns auch aussehen kann.

Ich bin kein Fan davon, zu sagen, dass alles aus einem bestimmten Grund geschieht. Denn ganz ehrlich?

Ich wünschte, das meiste davon wäre nicht passiert.

Doch ohne all das wäre ich wohl auch nicht die Person, die ich heute bin. Und hey, ich bin bei weitem nicht perfekt. Ich habe meine Ecken, Kanten und Rundungen. Aber ich bin echt – und irgendwie ein bisschen stolz darauf, wer ich in den letzten Jahren geworden bin und trotz alledem eben nicht geworden bin.

Ich glaube, ich bin langsam ein bisschen lieber so, wie ich bin, und vor allem ein bisschen lieber zu mir selbst. Aber auch, wenn ich nun okay damit bin, dass es gewesen ist, hätte vieles einfach nicht sein müssen – weil es für nichts und nochmal nichts gut gewesen ist.

Das wird es auch in tausend Jahren nicht sein. Man muss nicht für alles, was war, dankbar sein – und aus allem etwas Gutes ziehen. Manches ist nicht gut, und manches kann man auch nicht wieder gut machen.

Und das ist okay.

Nein, es hat mich nicht stark gemacht.

Ich war das.

Ich ganz allein mit ganz viel Hilfe – weil ich musste.

Nicht, weil ich durfte.

Weißt du, ich wollte nie hören, dass ich es verdient hätte, zu erfahren, was passiert, wenn ich nicht aufgebe. Ich konnte mir nicht vorstellen, dass es jemals besser werden könnte und dachte, mit jedem Tag länger auf dieser Welt würde alles nur immer schwerer werden.

Was ich damit sagen möchte?

Ich kann dir nicht versprechen, dass es leichter werden wird – aber versichern, dass du es nie wissen wirst, wenn du dir diese Möglichkeit nimmst.

Rückblickend kann ich nur sagen, dass ich mir selbst unendlich dankbar bin, nicht aufgegeben zu haben. Ich hätte so viel Schönes nicht mehr erleben dürfen und hey, ich hätte nie mehr gefühlt, wie unfassbar lebendig es sich anfühlen kann, wirklich zu leben.

Das ist kein Gefühl, das über Nacht kommt, aber ich hätte es nie wieder spüren können, wäre ich in diesen Nächten gegangen.

Sie hat wohl Wurzeln geschlagen, die Entscheidung, dem Leben noch einmal eine Chance zu geben – ich blühe langsam auf. Denn mir scheints, als wurde dieser kleine Sonnenschein in mir langsam wieder zu strahlen beginnen. Man sieht´s an meinen Augen.

Wisst ihr, manchmal glaube ich, dass manche Zufälle mir gar nicht so zufällig zugefallen sind.

Denn hätte ich mich nicht für das Philosophiestudium entschieden, hätte ich nie meinen ehemaligen Freund kennenlernen dürfen. Wenn mich eine Person nicht so sehr hätte hängen lassen, hätte ich wohl auch nie Kontakt zu meiner Therapeutin aufgenommen. Ich kann nicht sagen, ob ich ohne sie überhaupt noch hier stehen würde, aber ich weiß, dass ich in diesen 1,5 Jahren angefangen habe, meinen Weg zu gehen. Und wäre ich nicht bei den Life Coaching Days in Köln gewesen, hätte ich nie diesen kurzen schmerzfreien Moment erleben und wieder Hoffnung spüren dürfen. Hoffnung und Sicherheit, als Christina mich in den Arm genommen hat – wahre Sicherheit. Ruhe. Und wäre all das zusammen nicht genau so gekommen, hätte ich auch nie den Mut gehabt, mir mein Traumstudium Psychologie doch noch zuzutrauen.

Ich wusste immer nicht, wohin mit mir in diesem Leben, aber als ich diesen Traum zu leben begann, bin ich angekommen. Kurz gesagt: Gewisse Umwege waren wohl die besten Fehlentscheidungen meines Lebens – weil ich jetzt weiß, wohin ich gehöre.

Und ich könnte nicht dankbarer dafür sein.

Ich weiß, dass ich langsam auf eigenen Beinen stehen könnte. Nur habe ich Angst, mich dann wieder in der Einsamkeit zu verlaufen. Mir selbst nicht der Rückhalt sein zu können, den ich brauche, um standhaft zu bleiben.

Vielleicht stehe ich mir damit selbst im Weg. Das Gefühl, dass Menschen nur bei mir bleiben, wenn ich krank bin, versperrt ihn mir.

Wie soll man denn damit umgehen, dass Heilen so viel Verlust mit sich bringt? Dass es eben nicht nur um die Angst geht, sich selbst wieder zu verlieren?

Es tut einfach verdammt weh, zu wissen, dass man Menschen verlieren wird und eben nicht zu wissen, wer das am Ende alles sein wird.

Mit Abstand betrachtet

kann man übrigens ganz gut erkennen,

wie man zu Personen steht

und ob man ihnen wirklich nah sein möchte.

„Fass mich nicht an!“

Wie gerne würde ich ihnen das ins Gesicht schreien –
wohlwissend, dass ich nicht weiß, ob *das* vielleicht doch
etwas mit mir gemacht hat.

„Warum möchtest du vor dir weglaufen?“

Vielleicht genau deswegen – weil ich mir selbst nicht
entkommen kann.

Ich werde diesen Körper nicht los. Und er vergisst nicht.

An mein jüngeres Ich: Es war nicht deine Schuld.

Du bist nicht schuld daran, dass sie dir wehgetan haben.

Dass sie dich nicht mehr sehen und hören konnten, wenn andere – wertere? – Menschen im Raum waren.

Es macht mich so verdammt wütend, wie er zu anderen Menschen ist. Dass er ihnen zeigen kann, dass sie wertvoll sind. Bedingungslos. Dass er wirklich alles für geben würde – was auch immer er uns dafür nehmen muss.

Dass du die Ehe deiner Eltern nicht retten konntest, auch wenn er meinte, du müsstest das. Du warst nicht Schuld an seinem monatelangen Schweigen, dass Mama so laut schreien ließ, dass das Haus wackelte, ehe sie in einer Panikattacke zusammenbrach und du sie versucht hast zu beruhigen. Die passive Aggression in dieser Familie, der Telefonterror, sein Verschwinden, dieser verdammte Unterton in jedem Wort – es war nicht deine Schuld, dass du damit nicht umgehen konntest.

Auch nicht, dass Mama damals aus Angst nur mit Messer neben sich schlafen konnte – macht das viel mit einer Kinderseele? Es stimmt auch nicht, dass sie wegen dir ihr Leben nicht leben kann und er selbst seine Träume aufgeben muss, nur weil er das sagt.

Du steigerst dich nicht rein, weil du noch immer an deinem Verstand zweifelst, wenn sie behaupten, all das wäre nie passiert.

Du warst auch nicht schuld daran, wenn er von einer auf die andere Sekunde ein völlig anderer Mensch war. Durch ein einziges falsches Wort.

Du übertreibst nicht, weil du bis heute jede Treppe hochschleichst, um niemandem zu viel zu sein – kein Trampel, für den man sich fremdschämen muss.

Dich trifft auch keine Schuld, dass du krank geworden bist und Hilfe gebraucht hast – damit den Schein der perfekten Familie nicht wahren konntest.

Du hättest diese Schuld nie auferlegt bekommen dürfen und darfst sie endlich loslassen. Ich nehme sie dir ab, okay? Du bist nicht mehr allein – ich bin jetzt bei dir. Verlässlich.

Du kannst dich auf mich verlassen, dass ich dich nicht mehr verlasse. Ich werde deine Hand nie mehr loslassen, versprochen.

Du kleine Maus hattest so verdammt viele Träume, ich könnte es nicht übers Herz bringen, sie dir – mir – nicht zu erfüllen.

Du hast so sehr darum gekämpft zu überleben – ich schulde dir ein Leben.

Denn hey, wie kannst du denken, du hättest versagt, wo ich doch dank dir überhaupt noch hier bin?

Danke, dass du so verdammt tapfer warst.

Wie sehr hätte ich dir gewünscht, dass du es nicht hättest sein müssen. Dass du nicht so sehr um sichere Liebe hättest kämpfen müssen, dass du mit zwölf keine Liebesbriefe, sondern Abschiedsbriefe geschrieben hast.

Ich wünschte, es wäre anders gewesen, aber heute ist es anders. Und ich kann dir nicht oft genug dafür danken, dass du geblieben bist. Dem Leben und damit mir nochmal eine Chance gegeben hast. Denn ich kann es nun wieder lieben – bedingungslos.

Danke, wirklich. Danke, dass du durchgehalten hast.

Ich bin so verdammt stolz auf dich.

„Du bist nicht allein."

Ich werde es allen zeigen, die nicht mehr an mich glauben.

Die mir immer und immer wieder gesagt haben, dass ich es nicht schaffen werde.

Ich bin kein hoffnungsloser Fall.

Ich werde ihnen beweisen, dass ich gesund werden kann.

Dass ich es nicht nur in den Griff bekomme, sondern irgendwann doch noch loslassen kann.

Für mich.

Ich gebe die Hoffnung nicht auf, denn ich erwarte mir mehr für mein Leben als diese Hölle. Ich kann mehr daraus machen als eine tägliche Tortur für meinen Körper. Es hat vielleicht manches leichter gemacht, was nie hätte so schwer sein sollen – meistens aber eben doch nur mich.

Denn glücklich, das wurde ich dadurch nie.

Weshalb spricht niemand über Therapeutenkummer und wie verdammt weh das eigentlich tun kann?

Sie war die erste, bei der ich sein konnte, wie ich war und dadurch langsam werden konnte, wer ich bin.

Sie hat mir den Halt gegeben, um so lange durchzuhalten, bis ich mich wieder selbst halten konnte.

Distanz zu wahren fällt schwer, wenn du dieser Person irgendwie verdankst, noch am Leben zu sein.

Vielleicht darf es auch einfach weh tun, dass wir uns nun nicht mehr sehen. „*Dieser Abschiedsschmerz darf da sein.*"

Und vielleicht ist es auch okay, zu hoffen, nicht vergessen zu werden, weil ich mich doch auch für immer daran erinnern werde.

Therapeutenkummer. Doofe Sache.

Aber eigentlich bin ich dankbar, dass er da ist. Weil das doch bedeutet, dass ich mich sicher fühlen konnte – ein Gefühl, dass ich vorher so nicht kannte.

Sie ist geblieben – und ich durfte bleiben.

Es war das erste Mal, dass ich nicht rausgeworfen wurde. Ich hätte mich selbst wahrscheinlich nicht nur einmal direkt aus dem Fenster geschmissen – es tut mir leid, dass ich keine Musterpatientin war.

Danke, dass Sie trotzdem immer an mich geglaubt haben.

Dass Sie in mir immer mehr als nur diese Krankheit gesehen haben – auch, als ich es nicht konnte.

Danke, dass Sie nicht nur in mich vertraut haben, sondern auch mir als Person. Vielleicht konnte ich genau deswegen erst ehrlich sein. Denn als mir sowieso nicht geglaubt wurde, wie hätte ich an das Gute in mir glauben können? Daran, dass es mir auch wieder gut gehen kann.

Und auch, wenn es mir noch nicht so gut geht, wie ich es mir nun für mich wünschen würde, geht es mir doch mit dem Leben wieder gut. Vor 1,5 Jahren hätte ich nie geglaubt, dass ich das irgendwann wieder sagen können werde. Dass ich überhaupt noch hier bin. Aber das bin ich – und ich möchte von ganzem Herzen leben.

Weil es nicht mehr so schwer zu tragen hat, seitdem ich mir so vieles von der Seele reden konnte.

Und wenn es mir nicht mehr den Hals zuschnürt, vielleicht ist es dann mit dem Essen bald auch nicht mehr so schwer, wissen Sie?

Ich weiß, ich muss das nicht, aber ich möchte Ihnen versprechen, dass ich das auch noch hinbekomme.

Ich möchte mir das Leben erlauben können.

Und Sie werden ein Bild mit der Waffel vom Christkindlmarkt bekommen ;).Versprochen.

„Einen Versuch wäre es wert.“

„Wäre oder ist?“

„Ist.“

Ich kann mich vielleicht gerade nicht dafür entscheiden, endgültig loslassen zu wollen. Aber ich kann mich dafür entscheiden, für einen gewissen Zeitraum daran zu glauben, dass ich es noch kann. Und wenn es dann immer noch so unaushaltbar ist, kann ich immer noch zurückgehen.

„Ich glaube daran, dass du das schaffst.“

Ich auch. Zumindest tief in mir drin möchte ich diese Hoffnung nicht verlieren. Nicht, ohne es noch einmal versucht zu haben. Ich möchte mich nicht aufgeben.

Was, wenn ich stur daran glaube, dass ich es doch noch schaffen kann, dass ich es aushalten werde?

Was, wenn das Leben gesund nicht unsicherer ist als krank? Was, wenn das alles doch irgendwann aufhört?

Denn wenn ich dem Leben doch nochmal eine Chance geben konnte, weshalb sollte ich sie mir selbst dann nicht auch noch zugestehen?

„Es lohnt sich zu 100%. Nein, zu 300%.“

Ich hoffe es von ganzem Herzen.

Ich habe doch eigentlich echt noch was vor in meinem Leben. Und hey, ich habe die Möglichkeit dazu.

Ich möchte nicht noch mehr Zeit daran verlieren, nicht an mich zu glauben. Die Angst wird dann schon merken, dass das Leben gar nicht so gefährlich ist, wie es mir noch scheint.

Also auf geht's, lass mal leben.

Denn ja, ich darf leben.

Die Zeit heilt vielleicht nicht alle Wunden,
aber du kannst sie mit ihr heilen.

„Ich wünsche dir wirklich, dass du dir erlauben kannst,

gesund zu sein."

Es ist Zeit, dieses Kapitel zu beenden.

Ich darf meine eigene Geschichte schreiben.

Und ich verspreche mir selbst ein Happy End dafür.

„Du kannst stolz auf dich sein, wirklich.“

Ich wünsche mir für dich so sehr, dass du bald nicht mehr so schwer zu tragen hast.

Dass du nicht mehr nur stark sein musst und alles ein bisschen leichter wird – vor allem dir ums Herz.

Ich drück dich <3